法之界·思无涯
黑骏马法学译丛

西方法学邂逅中国传统

王健 著

知识产权出版社

全国百佳图书出版单位

图书在版编目（CIP）数据

西方法学邂逅中国传统/王健著．--北京：知识产权出版社，
2019.6

（黑骏马法学漫丛/张海斌主编）

ISBN 978-7-5130-6209-1

Ⅰ.①西⋯　Ⅱ.①王⋯　Ⅲ.①法律—通俗读物　Ⅳ.
①D9-49

中国版本图书馆 CIP 数据核字（2019）第 071435 号

责任编辑：唐仲江　　　　　　　责任校对：谷　洋

装帧设计：黄慧君　　　　　　　责任印制：刘译文

西方法学邂逅中国传统

王　健　著

出版发行：知识产权出版社 有限责任公司		网　　址：http：//www. ipph. cn	
社　　址：北京市海淀区气象路 50 号院		邮　　编：100081	
责编电话：010-82000860 转 8725		责编邮箱：pangcongrong@ 163. com	
发行电话：010-82000860 转 8101/8102		发行传真：010-82000893/82005070/ 82000270	
印　　刷：三河市国英印务有限公司		经　　销：各大网上书店、新华书店及相关专业书店	
开　　本：880mm×1230mm　1/32		印　　张：8.25	
版　　次：2019 年 6 月第 1 版		印　　次：2019 年 6 月第 1 次印刷	
字　　数：200 千字		定　　价：45.00 元	
ISBN 978-7-5130-6209-1			

序

中国近现代法学的原点

中国近现代法学的原点

　　明万历四十三年，西历 1615 年的一天，南京城里一位眼深鼻尖、胡须黄色的西洋人，正端视手中甫经刻梓的一本小册子，踌躇满志，他就是意大利人耶稣会士王丰肃（Alphonse Vagnoni，1566—1640）。小册子虽然满篇汉字，可是内容读来颇为费解，有的甚至闻所未闻，因为里面描述的情形在中国最西，"距中国记程九万里"，故取名《西学》。不久"南京教案"爆发，身陷囹圄的王丰肃被逐至澳门。几年之后，他改名高一志，再返内地，辗转至山西绛州一带，为教务执着奔波的同时，继续钻研中文经典，比较中西，奋力著述，意在"有所取而助中国之学"。他研究和著述的范围，不仅有代表职业使命的宗教教义，还深入涉及亚里士多德的政治学、伦理学、逻辑学，以及阿奎那的神学政治论等诸多人文社会科学领域，秉持学术传教的理念，音译加意译地糅合，把这些知识重新排列在儒家学说框架内，破天荒地取名为《修身西学》《齐家西学》《治平西学》，剞劂成书。明清来华欧籍会士无虑数百（荣振华说约有 700 名），中文著述万牛可汗，但涉及泰西政治学、法学、伦理学、家政学、心理学等内容的书籍，极为罕见。相形之下，高一志的西学三书，值得珍视。

　　高一志的西学作品，和另一位耶稣会名宿艾儒略（Jules Aleni，

1582—1649）撰写的《西学凡》《西方答问》《职方外纪》，都在西学整体框架下介绍了西方的"法学"。他们不仅确定了法学与其他学问之间的关系，也对法学在整个西学系统中的重要地位给予了充分说明。高一志说，西方教育始于文学，文学毕，则众学者分于三家，各行其志，或从法学，或从医学，或从格物穷理之学，此三者"乃西学之大端也"。"格物穷理之学"在西方名号最尊，又细分为五家，一是"落热加"（今称逻辑学），明辨之道；二是"非昔加"（今称物理学），察性理之道，明剖万物之理；三是"玛得玛弟加"（今称数学），察几何之道，审究形物之分限者也；四是"默大非昔加"（今称形而上学），察性以上之理，总论有形诸物之宗理；五是"厄第加"（今称伦理学），察义礼之学。"厄第加""其务不外乎三者：先以义礼修身，次以身齐家，终以家治国是也"，于是乎，西方的义礼之学与中国的修齐治平之学被摆到了同等位置。高一志用"家"这个字表示西学的各个分支，不由令人联想到中国先秦时期以研究主体为分类标识的诸子百家。百家之中，法家是最具影响力的流派之一；而在西方，法学又是西学的三大端之一，这或许又暗示了另一个对应关系。

与高一志有所不同的是，艾儒略以"科"类名，将西学统归为"六科"，即文科（勒铎理加）、理科（斐录所费亚）、医科（默第纳济）、法科（勒义斯）、教科（加诺搦斯）、道科（陡录日亚）。他完整地介绍了这"六科"的进学次序，并概述了各科的主要内容。其中，法科又称"勒义斯"（leges），"操内外生死之权，即国王治世之公典，乃天命之声也，国家之筋也，道德之甲也，五伦之纽也，雅俗淆乱之斧也"；"上合天理，调万事，平万邦"；学习为期六年，严试授职，学有成效者，或为法师（即律师），凡读书之士，率由此途而进，"故西国从古恒立法律之痒，以共讲明决断人事之本"；等等。

以上的描述和介绍，是历史上以汉字或者新的汉字组合表达西方法学概念最早的一批文献材料，涉及法律的概念、性质和作用等基本问题，以及欧洲的政制机构、法律学校和法律职业等丰富信息。实现这一创举的前提，首先是打通两套陌生符号系统间的隔膜，建立彼此概念的对等关系。最初来华的耶稣会士，大都下过用拉丁文注解汉字的苦功。留传至今的《西字奇迹》和《西儒耳目资》等字书，便是当年他们苦心孤诣突破语言文字障碍的见证。他们"能华言"，深通中国经史。罗明坚（Michel Ruggieri，1543—1607）仅用两年多时间，就掌握了一万五千个汉字。利玛窦（Mathew Ricci，1552—1610）一再向欧洲人强调"我们会说这个国家本土的语言，亲身从事研究过他们的风俗和法律"，还专心日以继夜地攻读过他们的文献（《利玛窦札记》中译本第 3 页）。金尼阁（Nicolas Trigault，1577—1629）为编译《中国历年王朝录》（Annales Regni Sinensis），阅读过《尚书》《左传》《史记》《汉书》《资治通鉴》等 120 种书。为了尽可能地让中文读者理解西方的概念，他们以类比、归纳和解析汉字结构的格义之法，比较系统地确定了一批表达西方概念的名词或短语。这些被赋予特定含义的名词术语，如"法学""法律之学""法科""治科""法典""公法之学"等，含义稳定，至今沿用。其实，将固有汉字"法学"在"勒义斯"的意义上加以界定和运用本身就表明，这些语词蕴含的概念已完全超出了中国传统的刑名之学或律例之学的范畴，只是由于种种复杂原因而令这些作品湮没不彰，极少流传。1668 年 11 月，安文思、利类思、南怀仁等传教士接到向康熙帝汇报西学的命令，在精心准备汇报材料时，便刻意删去了可能触及皇权的、天主教及不吉祥的内容。中国礼仪之争的冲突爆发之前尚且如此，之后的情形更是可想而知。

明清之际初次传入的西方法学，与时隔两个半世纪之后再次传入的西方法学，本质上属于同一范畴。尽管相比前者，后者在内容、传播主体及传入方式上出现了诸多新情况，发生了诸多新变化，但终究不过是在前者基础上的某种延伸和扩展。从丁韪良的《西学考略》(1883)、爱若瑟的《西学启蒙》(1896) 等书中，我们仍能看到利玛窦时代叙事方式的某些痕迹。至于前后两次相遇的时代背景，中经阻断的缘由与后果，从初识相遇到鳞鳞不清甚至碰撞冲突的历史文化意义等方面，向来是中外关系史家关注的重大课题，这方面的研究成果也相当丰硕，这里不必重复。这里只想强调的是，从现有文献材料看，明清之际传入的西学，并非后世出于种种原因经人为"裁剪"之后呈现的那样，仅仅是天算、舆地、制器、语言和技艺之类，还包括哲学、逻辑、政治、法学、心理学、家政学等丰富内容；对于后者，过去长期关注不够，研究疏薄，或语焉不详，这种状况亟应改变。此外，西方法学首次用中国语言、中国文字、中国方式予以表达，亦即开启了西方法学的中国化进程，这一部分内容，应当纳入中国近现代法学的研究框架。换言之，应将初次传入与再次传入的西方法学视为一个整体，并以一种世界眼光重新审视中国法律文明的重建问题。笔者以为，考辨中国近现代法学发展的源头问题，是切实推动中国法律文明重放异彩的基础性工作。在此，谢和耐（Jacques Gernet，1921—2018）先生关于中西之间的交流、影响和撞击问题，应高度注意历史的发展性和历史的连贯性的观点，深中肯綮。而强调观察和探索中外法律文明交往的整体性和连续性有多重意义，至少，它可以否定中国近现代"法学"概念是 19 世纪末自日本输入之类的幼稚之说。

中国近现代法学主题宏大，文献资料浩繁，著述盲点甚多。在过去多年的学习和研究中，笔者尝就中西界面下的细枝末叶，略做一些微不足道的考证与探索，形成各种小文。这些小文主要以新近发掘文献资料的成就为基础，并在强烈好奇心的驱动下完成的。诸如西方法学最早何时来到中国，来华外人对中国法的发展产生过怎样的影响，罗马法传播中国的历程与途径如何，中国与德国在法律领域有过怎样的交往，移植西法过程中汉语法律词汇是如何创制出来的、日本起过怎样的作用，以吴经熊为代表的中国法学家怎样探索超越东西方之路等，总之，皆为兴趣之作。还要说明的是，本书各篇小文均未涉及西方法学来华的源头问题，从本研究领域的完整性而言，存在明显缺漏，故作本序以为弥补。

王健

2019 年季春

目　录

专 论

西法东渐： 外国人与中国法的近代变革

一

任何国家欲图其本国法律的改进，都不可避免地要学习和借鉴外国的法律。而学习的途径不外有两种，一是国人往学，一是外人来教。自从洋务运动开风气以来，中国以"模范列强"为挽救朝纲、收回法权与利权的唯一选择，务使中国法律通行于中外。因此，这两种方式同时并举，交替进行。就后者而论，以 1949 年为分界，前有英美德法日的法学专家，后则有苏联的红色法学专家，相继来华，先后移植或传授了大陆法、英美法以及社会主义法，对中国法律由传统导入近代具有不可忽视的作用。他们参与了近代中国法转变的实际过程，也因而成为法律历史活动主体中的一个部分。中国法不断地与外界发生联系，也就不断地在和外国人打交道。整个一部近代中国的法律史，其实就是一部中国法与外国法、中国政府与外国法学家之间冲突而又调适的历史。

考诸历史，外国人（"夷人"）来华并受雇于中国政府者古已有之。马可·波罗（Marco Polo，1254—1324）在元朝政府下曾供职多年。明清以降，更有任用欧洲传教士来华效事朝廷的实践。传教士以传播福音为最终目标，西学只是吸引国人皈依的手段。不过，在封建皇帝的心目当中，他们是编制历法、测绘舆图和建造西洋楼的技巧之人，中俄谈判中的翻译或者私人拉丁文秘书，比中国画更能满足帝王形象传世需要的画师，珍爱礼品的采办，有趣的谈话对象，可靠的家庭医生，总之，都只不过是作为皇家财产和私人工具的所谓"朝廷供奉"，是"服朕水土，出力年久"（康熙语）的来朝属臣。[1]如果夷入中国而非中国之，便是不得言说中国经书大理的西洋小人。这与晚清任用外人的性质完全不同。

一般来讲，外国人得以来华用事，大体取决于两方面因素：一是中国方面是否有意聘请；二是外国一方能否接受聘请。

中国一方面，从总体上讲，由于19世纪以来的世界充满着重重复杂的矛盾和冲突，西方文化骎骎然而成强势话语，中国在"国势蹙迫"的情态下只有接受西方知识，受动地推行现代化，因此，无论是否真心情愿，都不得不有外人的参入。尽管延聘西人、"奉夷为师"的做法从一开始就受到了保守势力的激烈批评，被认为是"上亏国体、下失人心"的举动，但主张者还是凭着"中体西用"的旗号和"以夷制夷"的现实目的，聘来了各种各样的"洋幕宾"。当然，在近代化初期，延聘洋人的做法并非中国独自一家，日本明治维新后，亦于政府部门中先后招聘过法国、英国、美国、荷兰、德国的法学家帮助实施新政。[2]晚清修律之际，由于懵于西方法律知识而必须聘请；到了抗战胜利之后，官方舆论对于庞德的来华，已是推崇到了无以复加的地步。且看《中央日报》"欢迎庞德教授"的社论中的几段毫无节制的文字：

> 中国政府聘来了庞德教授，是中国法律界的光荣。我们不但感觉光荣，我们有绝对的必要，接受庞德教授的意见，作为我们改造中国的实体法和程序法的指针。……

我们理解了庞德教授学说的重心，就可以推定庞德教授实验主义的法学，将改正我国一般法学家与法律实务家若干基本观念，将指点他们对于中国实际社会具体的生活规律，在实体法与程序法上有充分的反映。如若我们能够接受庞德教授的影响，则我国的法律学与现行法必将开一新时代纪元。……

杜威先生从前来到中国，对于中国新文化运动给予宝贵的影响。庞德教授今日来到中国，对于中国新法学的建立，其影响必将相等。杜威先生是实验主义的论理学、伦理学、教育学家。庞德教授是实验主义的法律学家。他们对于中国的贡献，都是在纠正教条主义、形式主义和重外轻内、舍己从人的倾向，都是在引导中国学界走上革命与创造的路程。庞德教授留驻中国的时期虽短，但是他在这短时期以内，必将指点中国的法学家与法律学，成为社会工程学与社会工程师，适应中国社会迫切需要。影响之深长是可以预卜的。[3]

把中国法的未来命运全都寄托在了一个外国法学家身上，并给予如此之高的评价，这是中国近代法律史上罕有的。

至于外国一方面，并没有禁止"人才外流"之类的限制，有的甚至出于为本国谋取更多利益的对外政策考虑而积极向中国政府加以推荐（如日本为了实现独占中国、排斥他国的目的，就打着"清国保全论"的口号积极向中国输送顾问或教习，同时还大量吸收中国学生留学日本）。从实际效果来看，当外人得到中国政府的任用后，也往往被本国视为一件极荣耀的事，仿佛国产影片在外国博得了大奖，其本人在本国的身价也随之升高，或被尊为中国问题专家，或被冠以权威汉学家之类的各种荣誉头衔。丁韪良（W. A. P. Martin，1827—1916）

在当上了京师同文馆总教习后的第二年（1870），旋被纽约大学授予名誉法学博士学位；1898 年清廷聘丁韪良为京师大学堂总教习（并非校长），《纽约时报》（当年 9 月 23 日）随即发表了《中国挑选一个美国人——丁韪良博士任新京师大学堂校长》的报道，为此，普林斯顿大学于 1899 年授以丁氏名誉法学博士学位。[4]这多少反映出了中国文化在有些西洋人的心目中还是占据着崇高的地位的。

二

自清末推行现代化事业以来，究竟有多少人担任过中国政府的官员或顾问，目前尚未见有专门完整的统计资料，笔者亦无力逐一考证。不过，由于近代中国社会不断推新，各项现代化事业又在在需人，因此估计这类人员当时一定不在少数，特别是在本国复制拥有西方知识的新式人才的教育机制建立之前。

英人赫德（Robert Hart，1835—1911）自 1863 年起即开始了大清海关总税务司一职的漫长生涯，作为总理衙门的高级顾问，虽然他最早向清政府提出了改善政务和法律的意见，但涉及"体"的问题在当时是不予讨论的。

正式以法律顾问的名义招聘外人，是在 20 世纪初年改革法律的方针确定之后。在 1902 年刘坤一、张之洞和袁世凯的联名奏折里，最早提出应在民法和刑法方面各聘一名日本法律博士帮助中国编制现代法典，理由是日本法律发达，"该国系同文之邦，其法律博士，多有能读我之会典律例者，且风土人情，与我相近，取资较易"[5]。4 年以后，冈田朝太郎（1872—1936）、松冈义正（1870—1951）、志田钾太郎（1868—1951）、小河滋次郎（1861—1925）、岩谷孙藏（1867—1918）等一批日本法学家陆续来到北京，成为弥补缺乏西方法律知识的修律大臣沈家本的得力助手。

进入民国以后，日人有贺长雄（1860—1921），美人古德诺（F. J. Goodnow，1859—1939）、韦罗贝（W. F. Willoughby，1867—1960）、韦罗璧（W. W. Willoughby，1867—1945）兄弟，法人宝道（Georges Padoux，1867—1960）、爱斯嘉拉（Jean Escarra，1885—1955）等，先后受聘于北洋政府和南京国民政府担任法律顾问，继续从事清末法律编纂未竟的事业。1946 年来华的大名鼎鼎的庞德（Roscoe Pound，1870—1964）教授，则是中国近代法律史上的最后一位法律顾问。

既然聘请外国顾问是为了满足本国政府急于变革、赶上时代的需要，因此他们享受到的待遇自然不菲。虽然嘉道以降，国力衰微，财政日渐形绌，但是由于需要，一般来讲，受聘来华的外国顾问都受到了东家极优厚的款待，无论是荣誉性的或者物质利益上的。

例如，海关总税务司及邮务总办赫德在华期间受到清廷赏赐的各种荣典就有赏加按察使衔（1864）、赏加布政使衔（1869）、赏赐头品顶戴（1881）、赏赐双龙二等第一宝星（1885）、赏戴花翎（1885）、赏加三代正一品封典（1889）、赏加太子少保衔（1901）、赏加尚书衔（1908）。[6]受聘于总理衙门下属同文馆总教习的丁韪良，也以翻译西方国际法著作有功而得以跻身于清廷上流社会，受到三品进而二品顶戴的赏赐。

晚清开馆修律之际，财政支绌。修订法律馆在经费极紧张的情况下，仍付给日本法律顾问极高的酬金。[7]1906 年 9 月到北京任职的冈田朝太郎接受了月薪 850 银元为期 3 年的订约；同年来华的松冈义正的月薪略低一些，和小河滋次郎的月薪一样，均为 800 银元。而在商法改革方面聘请的志田钾太郎，清廷则开出了月薪 950 银元破纪录的高价。[8]当然，这不仅包括他们充当法律学堂教习的薪金，还有他们担任修订法律馆各种工作的部分。

把他们的薪俸与同时期受聘于各地法政学堂的日本教习所得的

酬金进行比较，我们可以对这些日本法律顾问的身价有一更具体的印象。

当时受聘于中国学堂的日本教习的薪俸少则不足百元，多则500元左右，通常都在150—500元之间。担任湖北铁道顾问的原口要（工学博士）的月薪是12000元，大概是最高的了。担任京师法政学堂总教习的岩谷孙藏（法学士）的月俸是600元，副总教习杉荣三郎（法学士）和教习矢野仁一（文学士）都仅为月薪360元，可见其悬殊之大（此外，他们三人还同时享有每月45元的住宿津贴）。尽管有这样的差距，但他们的月薪数要比日本国内同样职务的最高俸，至少要高三倍以上，比中国同等情形的人员则高出得更多。如当时京师法政学堂的中国总教习林棨（1884—？）的月薪仅为150两。[9]

庞德同时受聘于南京政府司法和教育两部的顾问。蒋介石对于庞德的到来曾作过专门指示（1946年9月8日），要求对于庞德的聘约，次年"必须续订，待遇须从优厚"[10]。作为战后形势下来自美国的法学大家，又有钦命，所以可以想象，他所享受的待遇，必更优裕。

既然多蒙主人的隆恩厚爱，受聘者自然就要为东家卖力工作。外国法律家之能够受聘于中国政府的法律顾问，雇佣双方要建立良好的关系（特别是私人关系）自然是必不可少的前提。不过他们处于这种角色之中的真实心态究竟如何，目前由于缺乏这方面翔实的资料（如私人日记或通信）而尚难断言。这里摘录几段赫德在其工作系统内部曾经发布的通令中的一些言论权作参考。

赫德自从上任海关总税务司起，就不断向他的司员灌输这样的思想："要永远清楚地记住，海关税务司署是中国的机构，不是外国人的机构，因此，每个成员就有责任避免冒犯这中国人和中国官员，不要伤害他们的感情……那些领取薪俸当中国政府公仆的人，至少不能去做伤害感情，引起中国人妒忌、怀疑和讨厌的事……每个人要记住的一件事是，我们是中国政府花钱聘请来执行特定的工作，我们首先要关注的是把工作做好。"（总税务司 1864 年 6 月 21 日第 8 号通令）"我们来这里是为了和当地政府一起工作，帮助他们，不是要排斥他们，取代他们。"（总税务司 1873 年 12 月 18 日第 24 号通令）"我们必须接受我们作为中国人的助手，而不是老板的地位，这是我的主题思想。"（1874 年 7 月 18 日给金登干的信）不过，赫德的心里也十分清楚：对于中国人来说，聘用外国人来担任领导职务，是件不痛快的事。[11]

三

近代来华外国顾问的任务和作为，随时势而有侧重和不同的体现。

在 1901 年发布新政上谕以前，各种"洋幕宾"的作用主要体现在参办各种洋务事宜方面。或鼓吹变法，积极劝说清政府整顿财政、加强外交、改革教育，采行各项近代化措施。赫德是这个时期的典型代表，他担任清政府总税务司前后长达 45 年，除了海关业务外，还时常为总理衙门办理交涉提供咨询意见，最早向清政府建议应设立外交机构、向外国派驻大使，并为此翻译了美国法学家惠顿《国际法》一书中有关使节权的全部内容。美人丁韪良、法人毕利干（Anatole Adrien Billequin，1826—1894）、英人傅兰雅（John Fryer，1839—1928）等一批受雇于洋务机构的西学教习和翻译，则在中国学者的协助之下，译出了当时西方最先进的国际法著作、法律典籍以及其他相关的社会科学书籍；这在一定程度上满足了培养中国第一批外交人员和促进西学知识在中国早期传播的需要。由于当时中国社会尚未进步到需要进行制度变革的境地，因此这一时期他们提出的大量的改良建议，或被认为是不够现实或未中要害，或以"究系局外议论，且亦非急切能办之事"而予搁置。

至 20 世纪初，由于推行新政，中国开始按照西方的法典模式改造传统的法律体系，但这是一项前所未有的重大举措。沈家本精熟传统律学，但他毕竟未曾受过西方法律知识的专门训练；伍廷芳虽系英伦法律家会馆科班出身，但他长期办理交涉或驻劄外洋，职事繁多，且在馆时间有限，实际上很难有充足的精力投入修律的具体繁杂事务当中，因此延聘外国法律家帮同修律必不可少。

　　然而，有趣的是，来填补西方法律知识空缺的，不是西洋，而是东瀛日本的法学家。由于冈田、松冈、志田、小河四人的到来[12]，仅在短短的五六年时间里，刑法、民法、商法、诉讼法、监狱法等一批被冠以"大清"题头的不东不西的法典草案首次用中文写了出来。这一时期是中国移植西方法律的最关键时期，也是最困难的时期，不唯当时起草各种新法需赖日本法律顾问的帮助，理解和述说这些陌生的法律概念、术语和名词亦有赖于他们的解说和诠释。[13]例如当时推行新式审判机制，鉴于司法人员"多未谙习，临事每有龃龉"，京师高等检察厅检察长徐谦遂于1907年冬发起检察研究会，请四法学家（又称"四博士"）"担任演讲，都凡一月蒇事，于是在京司法人员乃益知检察职务"[14]。四法学家在京师法律学堂的讲台以及各种讲座的场合，讲授了他们自己才消化过不久的整套的西方部门法知识，而如此系统专门的讲授在中国法律史上还是第一次。

　　20世纪二三十年代，中国的新式法典编纂在清末所创规模的基础上继续推进，新政府仍聘请顾问参与修律，但日本法律顾问很快退出了中国的法律编纂部门（1914年冈田朝太郎最后一次参加了刑法的修订工作，即刑法第一次修正案），取而代之的是美法等国的法学家；他们有的（如爱斯嘉拉）甚至工作了很长时间。这里除了国内外政策关系的变化等因素外，最主要是伴随着接受过西方法律训练的一代留学生陆续回国，以及朝阳、东吴等法科机构源源不断地输送新的力量，清末修律时对日本法学家过分依赖的情形迅速消

逝。事实上，北京政府的修律机构这时已能够主动地组织起一批本
国出色的法学家从事各种重要法典的编纂工作了，后来的南京政府
立法院更是如此。这一时期，是中国法学家开始并且能够用本国文
字起草近代化法律的时期。而外国法律顾问仍就委托他们的具体法
律问题发表意见，提出草案或立法建议。

20 世纪 40 年代后期，中国近代法典编纂运动的高潮已经过去，
中国法的总体走势也已转入司法以及与之相关的设施建设领域中的
具体层面，因此，庞德这时来华的工作重点，显然已经不在起草法
典方面。面对这种现实状况，一方面，他对清末以来的法律发展作
了带有回顾和阶段总结性质的评价；另一方面，他又根据西方法律
发达的经验，从维护已经建立起来的中国法典体系的合理性出发，
提出了应当加强法律解释、法学著述和促进统一完善的职业法律家
的训练等许多富有远见的建议。

四

所有来华的外国法律家都无一例外地以一种天然的比较法的视
角来观察和认识中国法。这一点只要指出支撑他们思考和写作的母
语和汉语之间的差异就足够了，尽管他们有的在华年头长，学过甚
至掌握了一定程度的汉语。这样，作为一个非中文母语的群体，当
他们面对着一个与自己熟识的生活环境、文化观念和法律传统有着
根本差异的社会时，自然也为我们展现出中国法图景的另一个视界。

从一般的方面来讲，大概多少由于作为政府顾问这种身份特殊
的原因，在他们所留下来的大量论著里，至少从表面上，我们除了
看到他们委婉地奉劝、批评或建言之外，对于中国法律制度的措辞
激烈的言辞几乎是见不到的。这与早期被限令不得进入或强行闯入
中国之境的，或者一些在野而不在朝的外国人对于中国法的那种无

所顾忌的激烈的批评态度已然不同；尤其在中西早期（推翻帝制以前）的接触中，这一点表现得尤为明显。

一直把自己视为中国政府公仆的赫德，自以为他之所以将自己如此定位，乃是基于这样的一种理想，即"寻求唤醒这个文明中的一些兴趣，把西方经验证明能普遍产生有益效果的文明介绍进来"。而要使这些前进的计划和行动有益并取得成功，"就必须要用理智来引导，要耐心等待机会，要表现出实实在在的优越性，要努力使他们信服，而不是向他们发号施令，对于暴露出的缺陷的补救，不能使人感到不舒服"[15]。

丁韪良为了劝说清朝政府接受西方的国际法（不无证明自己工作业绩的功效），便颇费心思地考证了大量的中国古典文献，破天荒地写出了《中国古世公法论略》（International Law in Ancient China）一文，提出古中国实有公共之法，以行于干戈玉帛之间，特行之有盛有不盛耳；《周礼》《三传》《国语》《国策》等书，皆足以资考证的论说。

实际上，在许多来华的外国法律家身上，都隐约闪现着利马窦的影子。他们对中国文化抱有热情或兴趣，对于中国传统法律文化的价值，也往往表现出某种程度的理解或者同情。曾经参与东吴法学院的筹建并在该校任教多年的美国驻华法院法官（1914—1924）罗炳吉（Charles Summer Lobingier，1866—1956）通过研究体会到，中国法律制度的独特性，并不仅仅在于它是世界上最为古老的一种，更在于它对整个东亚地区法律的支配地位，这使得中国古老的法律制度成为世界性的法律制度。他指出，近时以来，"中国试图以西方法典为框架改造其法典，要说中国在这一进程上进展缓慢，是对其不适当的批评；因为要改造一个业已存在了逾4000年的法律制度，以适应有4亿人民的国家的需要，这决非易事。危险伏于急遽而非慎重之中。萨维尼（Savigny）以来的法学家已经指出一国的法律全部依赖他国是荒谬的。若当两国的法律代表了完全不同的文明类型时，则这种荒谬就达到了极致"[16]。

在关于中国传统法的现实改进或者在创制中国新式法律体系等重大问题上，他们大都强调中西之间法律文化类型上的差异，认为改造中国的传统法律是必要的，但首先应当考虑的是维护传统的价值，并以满足中国人民的生活实际为前提。关于这一点，在他们的各种作品中有许多反映。

例如，在清末宣统年间围绕制定大清新刑律而发生的激烈论争中，青岛特别高等专门学堂（亦称"德华大学"，Deutsch Chine-sische Hochschule）法科教授德国人赫善心（Harald Gutherz，1880—1912），就曾为当时中国"自置其本国古先哲之良法美意于弗顾，而专求之于外国"而深感可惜。他为此撰写了专文《中国新刑律论》[17]，指出："中国修订法律，须以《大清律例》为本。他国之律，不过用以参考而已。倘中国修订法律不以《大清律例》为本，则真可为不知自爱者也。"他甚至还非常自信地说，假如中国废弛《大清律例》，"不久必有势不得不再行启用之一日"。

在他看来，中国立法并非不可以借鉴外国法律，但"要在以本国为主，必于本国有益，而后舍己以从人；以本国国民之道德为主，必与本国国民之道德不悖，而后可趋时而应变"。他认为劳乃宣的说帖和陈宝琛的平议"俱极精当"，而"其最中肯者，系中国万不可自弃其文明之礼教以迁就外人也"。至于收回领事裁判，那本属于国际公法方面之事；修订律例，只不过是为其事之预备而已，"万不可引以为权衡"。此外，他还不无所指地说："中国修订法律一事，惟熟悉自己国民之道德及其旧律之中国人，方能胜其任。"

不过，赫善心也并非简单一味地维护《大清律例》的价值，他认为中国当时宜就大清律予以改订，与泰西不甚相违，只是"若全改，甚非所宜"。具体在关于"子孙违犯教令"存废的问题上，他就提出，此点"中国亟须改良，须明定条律，谓：凡祖父母、父母之对于子孙，不得专用此权以图利己"；不但须合法律、道德，"尤须声明凡人之对于他人有权者，亦须对于其人承认其公允之责成，万不得尽享其利益"。

爱斯嘉拉在《关于修订中国商法法典之报告》中认为："中国旧有之商事惯习，所有商会组合及其他制度，必不可废；唯稍加改革，增益其职务可耳。弃旧有之习惯，徒剿袭外国法，作纸上空谈非所取也。修订中国商法法典，能保存中国旧有之商事习惯，复参合以新商法运用之条规，庶法典一颁，自无窒碍难行之虞矣。"若"纯取外国法律，太远于国情，即不足以供人民之需要。名为法典，实则具文耳"。总之，修订法典的良好方法，不在拘泥外国之律文，而在于那些足以影响一国立法的各种因素，如国民习惯、地理关系、一般历史政治而定倾向。[18]

曾经于20世纪二三十年代参与法典编纂工作的法国法学家宝道，亦坚持与爱斯嘉拉同样的主张。在关于修订刑法典的讨论中，他指出，民国元年刑法典之原本，"显受日本刑事立法之影响，它是西方文化之国家所编纂，极少中国之特征。中国之编纂法典也，反于欧美法典之编纂，完全脱离中国遗传之法律，即由中国旧律继续沿革而发达者，从唐律以迄于民国前二年所颁之《大清律例》"。如此，"惟对于占全国百分之九十五之守旧民众，则未尽合用"。他认为，"新立法之编纂，颇属审慎准确并深识最新法学"，"诚可认为有卓著之成绩"，但关键是如何能使之施行有效。他比较了中西的情形后发现"……中国民性并不易接受以权威相加之新制度；自上而下之文化改造，非中国人所喜欢。凡彼以为不公正、不合理之命令，彼必不肯遵守之"。而在中国欲求维新，必须从劝导入手。

但这又在极复杂之情形中，更增一层困难。[19]

庞德对于近代中国的法典编纂成就抱着十分欣赏的态度，认为那是中国法学家对现代法典精心研究和明智的选择的结果。与此同时，他也关注这些法典到底能在多大的程度上适合中国人民的实际生活这个问题。他主张中国法典的解释和适用未必非要借鉴其他国家对现代法典的解释和适用，甚或受其重大的影响。因为法典是中国的法典，是适用于中国人民的，规范中国人民的生活的。也就是说，现代法律制度不只是由权威的法律规定和技术组成，也是由为人民所接受的权威理念所组成的。为此，他主张，应当把对中国法典的解释和适用置于中国的历史和社会环境背景，以及它们是否显示了历史上的中国制度、传统的民族习惯和理论的基础之上。[20]

尽管西洋顾问如此重视中国传统文化的价值和中国的生活实际状况，然而由于各种复杂的原因，他们的观点或意见未必都能为中国人所接受，有的甚至还受到了严厉的批评。1929 年立法院商法起草委员会多取顾问爱斯嘉拉所拟的海商法初稿，因船商业者群起反对而重加审查，几经研议，将原定草案修改泰半，方得通过。[21] 1946 年 12 月 13 日，庞德关于中国宪法的意见公开发表后，立即受到当时较有影响的媒介方面的批判，特别是他的 "总统集权的五权院制合于国情" "内阁制不合国国情" "民主不能移植" 等观点，被指斥为 "外毒"。[22] 这从一个侧面反映了当时围绕着颁布宪法的各种势力进行较量的历史背景。

事实上，近代中国在创制或修订法律的过程当中，一直存在着如庞德所说的两种观念的冲突：一是模仿或者借鉴西方国家最新的法律概念、理论和制度；二是发展和改良中国古代传统的制度和理论。它们常常成为批评新法典或为之辩护的基础，而且在经由解释和适用来发展这些法典的过程中，它们二者之间仍然不断地发生交锋。如何继受西方法的因素，并使之适应或融合到中国的社会生活环境中去，这本来已是一个十分显见的困难，可是除此之外，中国近代以来的法学家（法律家）未曾致力于统一的法律训练，这便使问题更趋复杂。

19 世纪以来如何为中国法寻求一条既能超越传统、又能摆脱西方个别经验的发展之路，这个问题不仅困扰着参与这一过程的外国法律顾问，它也同样是摆在中国法学家面前的一个难题。这个问题的解决，最终需要而且也只有中国法学家才能完成；特别是，只有当中国法学家对自己固有的各种法律制度加以全部的清理和辨识（以一种外在的眼光来审视这一过程是不可缺少的），并且直到对西方的各种法律体系用自己的母语做了彻底的研究之后，方能解决。

［本文为笔者所编同名文集代序，收入本书时有所修订和完善，文集于 2001 年由中国政法大学出版社出版］

【1】参见李天纲：《中国礼仪之争》，上海古籍出版社 1998 年版，第 75 页及以下页。

【2】详见［日］北川善太郎：《日本学习德国法》，李毅多译，《中外法学》1992 年第 4 期。

【3】《中央日报》1946 年 7 月 3 日，第 2 版。

【4】顾长声：《从马礼逊到司徒雷登》，上海人民出版社 1986 年版。

【5】《袁世凯奏议》卷十四，天津古籍出版社 1987 年版。

【6】《中国海关总税务司及邮务总办赫德爵士所受荣典表》，载［美］马士：《中华帝国对外关系史》第三卷，上海书店出版社 2000 年版，附录五，第 505—508 页。

【7】李贵连：《近代中国法律的变革与日本影响》，《比较法研究》1994 年第 1 期。

【8】 引见［美］任达：《新政革命与日本——中国，1898—1912》，李仲贤译，江苏人民出版社1998年版，第193、203—204页。

【9】 汪向荣：《日本教习》，读书·生活·新知三联书店1988年版，第109—112页。

【10】 谢冠生：《追怀庞德教授》，台湾"中央日报"1964年7月10日。

【11】 以上均引自［英］魏尔特：《赫德与中国海关》（上），厦门大学出版社1993年版，第353—354页，并参考以下页及第386页。

【12】 有关聘请日本法学家的论述，可参见李贵连：《沈家本传》，法律出版社2000年版，第265—270页。

【13】 参见受聘四人在京师法律学堂讲授内容，即《汪辑京师法律学堂笔记》或熊氏编辑的《京师法律学堂笔记》，均为22册，这些讲义在当时印量极大。

【14】《检察制度》（郑言笔述），宣统三年（1911），上海中国图书公司印。

【15】 引见注11，第355页。

【16】 C. S. Lobingier, An Introduction to Chinese Law, in *The China Law Review* (1930)，Vol. 4，No. 5.

【17】 此文收于劳乃宣《新刑律修正案汇录》，宣统二年（1910），亦见于刘锦藻《清朝续文献通考》。

【18】 此份报告系北京政府法制局抄本，发表于1925年1月《法学季刊》第2卷第3期。

【19】［法］宝道：《中国刑法典之修正》，《中华法学杂志》1934年第5卷第5期。

【20】 Roscoe Pound, Comparative Law and History as Bases for Chinese Law, in *Harvard Law Review* (1946)，Vol. 61.

【21】《中华民国史法律志》，台湾"国史馆"，1994年，第465页。

【22】 1946年12月23日上海《大公报》第一、三版即发表了社评《辟"不合国情"说》和戴文葆《异哉，所谓内阁制不合国情！》两篇批评文章，戴文之末尾注"未完"，但该报以后各期未见续载。

西方政法知识在中国的早期传播

——以《东西洋考每月统记传》为中心

一、序　言

　　《东西洋考每月统记传》（*Eastern Western Magazine*）是由普鲁士传教士郭实腊（Karl Friedrich August Gutzlaff，1803—1851，笔名爱汉者）等人于清朝道光十三年（1833）至十八年（1838）间在广州（1837 年以后出版地迁至新加坡）编纂和印行的一份中文期刊。学术界公认它是中国境内出版的第一份近代中文期刊，并因而视之为研究中国近现代新闻报刊史和西学东渐史的珍贵史料。以往国内学者的有关研究大都只是间接地或是零星地参考和引用它，而原本难以觅见。近年来，我国学者黄时鉴发掘和利用流散于海外的藏品，对这个刊物进行了比较全面地整理和深入的研究，并将接近全帙的39 册《东西洋考每月统记传》（下文简称《东西洋考》）合为一册，于 1997 年由中华书局出版，这为相关领域的研究提供了极大的便利。

　　作为一种具有明显世俗化倾向的综合性刊物，《东西洋考》自创刊号起，即以分类编纂的方法登载了包括中西历史、地理、新闻、天文、煞语、文艺、西方科技、商务行情和政治法律等方面内容的篇章。其中介绍有关西方政法知识方面的文字，内容十分丰富，举凡欧美各国政制、司法、狱政的概况，以及近代西方的民主法治理论，均有涉猎，且不烦尔见屡。这为我们了解和认识近代西方政法知识输入中国的早期状况提供了宝贵的历史材料。兹大略分述于下。

二、有关欧美国家的政治情势与法制状况

在《东西洋考》杂志的新闻栏目和有关的文章里，对英国、法国、西班牙、德国、美国、荷兰以及南美洲一些国家自 18 世纪末以来，甚至新近发生的一些政治大事，如国会辩论、总统选举、法令制定、内外政策、国内局势的动荡以及国际关系的利益冲突等，都有不同程度地描述或报道。其中，对英国、美国、法国的状况，言之犹详。

1. 关于英国

说当时的英国"仓廪实，真可谓兴隆之际"。由于"当下生齿日繁，推民挪移亚墨利加，兼荷兰藩属，开垦土地"。（1834，甲午二月号，影印本第 92 页，下同）"英吉利国之公会，甚推自主之理，开诸阻挡，自操权焉。五爵不悦，争论不止。倘国要旺相，必有自主之理。不然，民人无力，百工废而士农工商，未知尽心竭力矣。是以英吉利良民不安，必须固执自主之利也。"（1835，乙未六：186）

"新闻"中经常报道有关议会开会的情况，如一则消息说："本年（按：1837）二月耳兰地有数十位牧师，连名作状，谨禀公会五爵列位……是以设稽查房，明察暗访其实形也。"（1837，丁酉十一：297）又如说："上年八月理国事公会散，良民选择乡绅代为兼摄。于是百姓眉花眼笑蜂集，候补相公多嘴多舌甘言应承，即供职伸民之冤，而推个人之利。倘民悦意随抢选之，届期入公会论道，办理，以副国政，愈英姿敏惠，愈名垂百世，万民景仰，且开升迁职位之路也。"（1838，戊戌三：347—348）

还有一则消息报道了英国通过立法严禁贩卖黑奴的事情。"英吉利公会，立法定例，凡贩卖人口者，其罪之重，如为海贼矣。巡船常驶来航去，无处不搜寻探访，所有载奴之船只，一遇着，即捕掠押送，定是死罪矣。"（1837，丁酉十二：307）

2. 关于美国

"北亚米利加合郡"一则曰："此民自主治国，每三年（按：原文如此）一次选首领主，以总摄政事。今年有一位称元比林继承大统（按：此系指 Martin Van Buren 于 1837—1841 年间就任美国第八届总统一事），盖其为历年勋旧之臣，胸怀大志，腹有良谋耳。……南向附近地方混乱，操自主之理，与古国主交战，而合郡国家，不于中取事，容各人类任意掌国，不弄权霸占，不擅作张威，且与天下万国，推其和睦，故常免衅隙生端矣。"（1837，丁酉十一：297）

"亚米利加兼合国"一则曰："……是及首领主按例招列老翁会议定事，推国之利，免其陷害。倘各人众皆一心，执一见，饶此唇舌，事情如意，及民不期复兴焉。"（1838，戊戌三：348）

"米利坚合邦首领，召国政公会集，开言云昔设公银钱局、内积国帑。今废例之后，商贾拮据，白空千疮，促（此字为"捉"——作者）襟见肘也。然则国家于中取事。尚帑库充实，万物云云，有法可施，有方可用。莫不必审视裁度，筹办补国之缺、而推其益也。倘若斟善，其言必行，其技必从也。且说列位点头应诺，设稽查房，以立机折断其情矣。"（1838，戊戌四：361）

"被亚墨利加合郡之元首徒劳办银之委曲省得钱银使费决乏也。

各图其私利、而不务公也，莫若待数月后，商贾仍旧取信，而生意殷盛也。南界之国，民操自主之理，而创立新国。"（1838，戊戌九：423）

除了以上新闻报道外，《东西洋考》还以大量篇幅介绍了美国的政治历史背景。1837年丁酉五月号（231—232）登有一文，以问答的形式来解答"花旗国"为何国，首次介绍了美国自殖民地时期以来的历史和政治，提到了波士顿倾茶事件、独立战争；描述了魁首领、选举和公会制度，"自今以来，亚墨理驾民行宽政，乃以安民。十八省合总、及叫做亚墨理驾总郡或兼合邦。各省诸郡有本宪代民理国事。则于京都有公会，治总郡之政事。每四年一回拣择尊贤之人，为国之魁首领，另拣公会之尚书。且说百姓选官员，若守律例，存职；倘系暴虐浮躁者，即革去其顶。因行宽政，以仁义建国。民人莫不庶咸熙。府库充仓廪实，欧罗吧列国，贫民涉国，耕田园图生焉。且贸易之务闹热，进库之财胜用。……望民加增殷殷，则国之权势莫胜于此矣"。最后还盛赞华盛顿："此英杰怀尧舜之德，领国兵攻敌，令国民雍睦，尽心竭力，致救其民也。不美权而归庄安生矣。"

1837年丁酉六月号（241）首篇《侄外奉叔书》，借远离家国之侄致信叔父，又对美国予以盛赞："当乾隆年间，其列邦各自操权，而行宽政，乃以民安，容各人任言莫碍。此居民不服王君，而每省良民立公会，自选人才忠烈缙绅，代庶民政治修举，然统理国会与列邦首领之主，而治国纲纪。首领主在位四年遂退，倘民仰望之，欢声载道，复任四年。百姓之所悦，思能辨众，便超举为官，该国无爵，民齐平等，惟赋性惠达，财帛繁多之主，大有体面焉。……民之通商迄于四海，可谓之贸易洋溢乎中国，施及蛮貊，舟车所至，人力所通遍有居民，莫不知有花旗国矣。此旗之星，表其国之列省，合为一国也。正开衅隙叛英吉利之际，诸省民结党，效死执自主之理，由是国之列邦而兴也。"

1838年戊戌正月号（319—320）还最早刊登了一篇介绍华盛顿生平的文字《华盛顿言行最略》，记述华盛顿率民抗击英军、独立建国的英雄事迹："自此以后，美理哥民自主操权，掌治国也。……良民知华胸怀大志，腹有良谋，故立之为国之首领主。……在位八年，治国如运于掌。"

3. 关于法国

该刊对于法国1789年爆发大革命、1792年推翻封建君主专制制度的资产阶级革命、拿破仑称霸、推翻波旁王朝的"七月革命"等重大事件均屡有报道。"佛兰西国数年之先，除位不义之帝君，别设王。惟先世子之后不悦，招民逐新王归旧政，岁月之间混乱后，忽然捉住后也。……自旧王之除以来，佛兰西人自主倜傥，大开言路，自操其权。"（1834，甲午二，92）

"法兰西国自道光十年（按：1830）至今，此民自操权，擅自立王而悦服矣。但有多人甚愿推自主之理，莫不恨人之君焉。"（1837，丁酉正月：197）

《荷兰西除位之王崩》（按："荷"系原刊误印）："乾隆五十四（按：1789）年该国大变，国政混乱，肆无尊卑，世子皆逃……"（1837，丁酉七月）

"法兰西国王，道光十年（按：1830），干百姓之誉，庶民举首望之，欲为君焉，遂驱古王，而立之矣。既是如此，不期其心志与日俱更，因欲肆行操自主之理、且摄总权，相争辩驳，而民安焉。"（1838，戊戌四：361）

1837年丁酉十一月号还刊载了一篇《法兰西国志略》。该文对法国上自汉朝时归为罗马行省，"遵其律例"；到宋理宗时路易九世

"定章程，逐条按语，分晰陈明，勘核案情，援引确当，务使法足蔽辜，不致畸轻畸重"且"亲自遵守其律例"；再到国王"招爵僧民三品会集"、将路易十六送上断头台、拿破仑登极称帝、道光十年新王创立国家，都作了概略的介绍。

1837年丁酉八月号所载《霸王》一文，和同年十月、十一月号上连续登载的拿破仑传记《谱姓：拿破戾翁》，最早比较完整地介绍了拿破仑的生平和业绩，称"自今以往，诸国之霸，未有超于法兰西国拿破戾皇帝者"，把拿破仑比作像秦始皇或元世祖忽必烈那样的伟人，"但拿破戾翁乃为霸中魁首矣"。传记中说拿破仑"既好自主之理，与摄国之民权结友也"，其中的"民权"一词，大概是文献中比较早的一个出处。传记还首次粗略提到了拿破仑主持编纂法典的事情："拿破戾翁不顾人之言，终恃其兵力之强，而擅自行作也。他之为人，实有超众之才，适始掌治乱邦，帑空而庶民怀疑。然国之首领，皆其王所管辖。于是设造新律例，先正其纲纪之摧残，而后国家乃得稳当。"

4. 关于西班牙

"西班呀国未平，自王崩，后代公主治国，庶民结党，或好自主之理，或固执异端焉，战斗不息。"（1835，乙未六：186）

"西班呀国后鬌年，母亲代操权焉。不幸其戚不悦，侵国，挑唆庶民，国后之军无钱粮，国家亏欠，赋税之出纳皆混。在上位者无奈何，而劫其百姓矣。如此留患于后，但此祸无不已求者。既然庶民被窘迫，甚好自主之理，再先设定例。有将军数位尊贵鄙贱，各品上阵，保护国家，宁死而不可背自主之理矣。"（1837，丁酉三：216）

《西班牙》："衅隙未解，战斗未息。今土民结党，其会自名曰民友之会也，此人借爱民好治为国家出力，但王后禁之集会。国之公会，曾谕饬诸隐修道之僧尼姑等出庵堂……今定尊德乐道之士，设稽查房，掌管谳狱息讼之情，派令公平之士职司刑名，鉴空衡平，照例办事。"（1837，丁酉七：287）

此外，还介绍"者耳马尼国比大英国与佛兰西国两国更阔，列帝君治之，因居民恋自主的理，任言莫碍，帝君等甚发怒，会议论设诫自主之主意，撰书著文禁得自行奏事"（1834，甲午二：92），"布路西亚与阿士氏拉国守平安，惟以大里亚国不甘心服阿士氏拉管辖，故政事不稳当。南亚墨利加列国已良久驱逐西班呀国官员，自操其权，惟政体尚未定着"（1834，甲午二：92—93）。荷兰"自立商之公班衙，与下州府各洲新地贸易也。公司揽理办，联行把持，除散脚之商通市矣"（1838，戊戌六：381）。瑞典国"五爵失其权、而恨王也"，"故操权之时，秉公办理政务，令外国景仰之也"。（1838，戊戌四：357）丹麦"大尼王号驾奴特，弄遍国之权，改恶迁善，进天主教，发政施仁，严刑奸徒，赏罚则只知执法从事，以彰宪体"（1838，戊戌六：380）。

除了新近的事情，有些文章还介绍欧洲的社会政治递嬗的历史背景。例如《宗教地方》一文，缕叙欧洲基督教会与世俗国家关系历史演变，上自周汉年间罗马民操四海之权而降万人类，直讲到近代欧洲列国自大半脱其权，并说这些国家"今知自主之理，藐视其吓唬，而自主行焉"（1838，戊戌三：342—343）。

三、英美国家的近代民主政制

1838年戊戌四、五、六月号连续登载的《英吉利国政公会》一文，突出、集中地介绍了英国的政治体制。这篇长文犹如章回体小说，借两个中国人饶有情节的交谈对话方式讲述了英国的"国政公会"；其各期篇章起首都引述一段荀子或管子的语录；对于所述的一些事理也不时征引中国的古典哲理予以解释，读来非常有趣。

文中首先讲述了英国"国政公会"的起源。英国国民很早就分为"五爵"和"良民"二等，两者"不得已而相持相扶"。宋朝年间，国政公会起。此国政公会之主为国王，自立操全国权，任重贵大，能治其国。但若敛赋征收钱粮，必须与国政公会并为议处。倘若列位不允，也不可纳税。设使公会弃顺效逆，国王就会申谕饬众解散。孟子曰，得道多助，失道寡助。英国也是如此。国王发政施仁，不然就无计可施，只得顺从民意。"国政之公会，为两间房，一曰爵房，一曰乡绅房"。爵房、乡绅等权势甚盛，国政在掌握之中。遇有紧要之事，公会计较辩论，不然事不成焉。未经公侯乡绅酌量定夺不能立法。"公会未废之，国主不弛法也。变通增减、因时制宜之处，惟公会所办理。然王可以或屏弃、或允从也。"乡绅被民推升，不可捉，不可监禁。他们钩民之誉，得民之志而兴；失民之志而废，因此称之为"民之办理主"。至于爵房，只有公侯等世爵与国之主教构成，各位财帛又盛，权势浩然，或自主而行，或循国主为。故此大众与乡绅对头，古时自操权，而现今乡绅取民之誉，敢作敢为矣。总之，"公会总摄之务，为英国自主之理"。

1838年戊戌七月号（389—390）登载的《北亚墨利加办国政之会》一文，以管子的一段语录题头，借用一位寄寓北美经营觅利的父亲给在中国的儿子写信的方式，详述了他闻见所及的国政公会。

首先讲该国"民所立之政"的由来，说清朝乾隆年间，北美之民痛恨其总督攻国之义、冤民之理、独自操权，认为"一人摄统政，抚御四海、威镇万方、强服百姓，民不安，其自主之理自然废矣"。于是，"不立王以为国主，而遴选统领、副统领等大职，连四年承大统，必干民之誉，了然知宰世驭物、发政施仁也"。"此元首统领百臣，以正大位。……遍国之地方，亦各立其政，如大统亦然，而各地方之政体皆统为一矣。其凡居民，四万人中自择一位，代办地方之事，赴京议拟。此缙绅诸位曾为办国政务，征收钱粮、起兵、添军、妥当防堵、保障封疆、与外国结约、开通商之路，且出通国行宝、发战书、攻伐国敌、预备师船以伐其仇而除海贼矣，罚奸、赏良且掌国库也，立分新地之法，鼓舞开垦等事，皆为办国政会之务矣。"

此外，"每地方亦遴选二位集京都，与政会理政务矣。其国之元首为三军、诸师船之大大元帅，宥罪、宽贷、固执律例矣。力能虽大，不可害无辜者。事权在握，为所得为，惟责任尤重。义会可告且定其罪矣。代办国政之位必对民述政，而不可隐瞒也。倘民有要紧之事进呈，详细述其原由，或祈伸冤，或求立新法，以推民之福矣。列位遂斟酌查究辩论，其大众允，遂准行，不然，推辞矣"。秉政列位所说之话，所办之事，十耳所听，十手所指，都难逃民众之鉴别；如果有官员自高自满、恃势凌压，则民眼昭昭，疏而不漏。因此，美国的朝政是"民摄总政，且操权焉"。

以上文字，强烈地向人们传播了这样的一类知识：英国的国权掌握在由"爵房"和"乡绅房"组成的"国政公会"；国王虽然有权治国，可饬令解散公会，但未经两房商酌、论辩和议处，国王不能征税，不能立法。美国不立王而由民众选举统领，任期四年；统领虽握有大权，但责任重大，不得滥用"力能"而损害无辜；地方之事由民众按四万比一的比例选出的人代办，并再由各地选出二人组成"政会"代办国政，民有要事提出或要求订立新法，由秉政各位商讨、辩论、决定成与不成。而这些秉政之人的言论、行为都要接受民众严格的监督。所有这些，概括起来就是"民之办理主"或"民摄总政"。

应当说明的是，用中文表达西方近代民主概念的若干词语在这里已具雏形，并为后来的进一步完善奠定了基础："国政公会""国政会"后来被简称为"国会"，沿用至今；"爵房"和"乡绅房"即今天所讲的国会上议院和下议院；"统领"即"总统"；"民之办理主"则从字面上表达了后来简称为"民主"一词的原始内涵。

四、"自主之理"与英美的司法制度

在《东西洋考》所载介绍西国国政的文章里面，频频出现"自主之理"一词，且有推崇之意。那么究竟什么是"自主之理"？《东西洋考》的编纂者显然也注意到了这个问题，并在1838年戊戌三月号上登载了一篇名曰《自主之理》的专文予以详解。其文曰："我中国人慕英吉利国名，而未知其国家之政体如何。余要解其意，又解不详晰，欲说其治，又说不畅达。故引人信启之言。申明大略。"这段话令人感到，作为英国国体的根本所在，"自主之理"的含义与其外在表现似乎并不是十分容易用汉语来表达清楚的。从文中作者的论述来看，所谓"自主之理"，主要包含以下几层意思：

其一，"自主之理"是从"国基"的意义上来讲的，它的含义是："按例任意而行也。所设之律例千条万绪，皆以彰副宪体。独其律例为国主秉钧，自帝君至于庶人，各品必凛遵国之律例。"这实际上是说国家治理奉行一切以法律为最高权威的法治原则。它具体表现在：

（1）"所设之例，必为益众者，诸凡必定知其益处。一设则不改，偶从权略易者，因其形势不同，只推民之益而变焉。情不背理，律协乎情。"（2）法律面前人人平等。"上自国主公侯，下而士民凡庶，不论何人，犯之者一齐治罪，不论男女、老幼、尊卑，从重究治，稍不宽贷。"（3）司法审判公开进行并由陪审员断定，"审问案必众人属目之地，不可循私情焉。臬司细加诘讯，搜根寻衅，不擅

自定案，而将所犯之例、委曲详明昭示，解送与副审良民"，由其"议定批判"。(4) 臬宪俸禄丰厚，不敢收取陋规，人视之如见其肺肝。真可谓十目所视，十手所指，其严乎。

总之，"此国之宪，不能稍恃强倚势，肆意横行焉。设使国主任情偏执，藉势舞权，庶民恃其律例，可以即防范。倘律例不定人之罪，国主也弗能定案判决矣"。

其二，自主之理与纵情自用迥然分别。因为人"本生之时为自主，而不役人也"，可人之情偏恶，心所慕者为邪，故要以法律来约束人。人若犯律例，就私利损众，则必失自主之理。另外，"设使愿拿住人物，而不出宪票，以无凭据捉人，恐惧陷民，致卒役诬良受罪，定不可也。必须循律例办事，而不准恣肆焉"。

其三，自主之理意味着要有充分的言论自由。"大开言路，任言无碍，各语其意，各著其志。至于国政之法度，可以议论慷慨。若官员错了，抑官行苛政，酷于猛虎，明然谏责，致申训诫警。如此露皮露肉，破衣露体，不可逞志妄行焉。"

其四，国家操自主之理，就会使国家大兴，贸易运物甚盛，富庶丰享，文风日旺。"如是可知真理，又真理将释尔，可为自主也。此是天下之正道，天下之定理矣。"

"自主之理"一词就汉语的字面来讲，可理解为自己为自己做主的道理或者原理。在《东西洋考》的有关篇章里，该词基本上都是在这个意义上使用的。不过，由于18、19世纪的西方社会正处于民族国家日益兴起的动荡时代，而且多少也由于文章作者的政治立场或观点的原因，状写这种政治现实的这个概念的含义也并不固定，有时它所表达的仅仅是一种"擅自做主"或"独断专行"的意思；有时则视其为代表"天下之正道、天下之定理"的"国基"。而从以上半文半白的文字当中不难看出，其所阐发的"自主之理"的含义正是后者，而且作为一个反映着历史运动趋势的概念，它就是今天我们所讲的"民主"这个概念来到中国的最初形态。

"自主之理"的要义在于"依法治国"，并借助一套有效的司法机制予以维护。1838 年戊戌八月号上登载的《批判士》，专门介绍了英美国家司法审判方面独特的陪审制度。文章开篇引用《易经》《尚书》《论语》之言，对按律科断的"自然之理"大加论述。意在表明无论中国，还是泰西各国，其在适用法律上追求"揆诸天理、准诸人情"、息争化俗而致于刑措的境界方面并无根本不同。可是臬司独一人操权，有可能会出现这样两种情况：或者擅自恃势，援引断狱，得以意为轻重，任情固执；或者偏憎偏爱，瞻顾情面，屡次累及无辜。而臬司无偏无党，只知执法从事的很少。那么，如何除冤屈之弊而立公道之理呢？这就是作者所推崇的英美国家实行的一套司法方法。对此，作者作了这样的描述："……按察使按例缘由汇款通详察核，细加诘训，搜根寻衅，推穷义类。究其精微完，就将情节明说一遍，招众者细聆其言焉。然自不定罪，却招笃实之士数位，称谓批判士发誓云：谓真而不出假言焉。此等人侍台前，闻了案情，避厢会议其罪犯有罪无罪否。议定了就出来，明说其判决之案焉。据所定拟者，亦罚罪人，终不宽贷。设使批判士斟酌票拟不同，再回厢商量、察夺。未定又未容之出也。"

上文关于英美司法审判的方法中提到了"副审良民"一词，说审理案件时臬司不擅自定案，而通过"副审良民""议定批判"。这个词在《东西洋考》中只出现了一次，它指的就是今天我们所讲的陪审员，和所谓的"批判士"是一个意思。大概文章作者认为"批判士"一词更能表达"陪审"一词的原义，因而后来选用了这样的表达。"副审良民"和"批判士"就是"陪审"一词的最初来源。

五、近代西方的狱政改革

《东西洋考》的编纂者显然注意到了清朝刑罚的残酷，并力图以中文介绍西方近代的刑事制度，特别是监狱制度的改革，以此来映衬中国的狱政有应加改变的必要。由于当时尚不敢公开地触及现行政治的弊端，所以编者采取非常委曲婉转的文字表达此意。在1838年戊戌四月号的《论刑罚书》、五月号的《侄答叔论监内不应过于酷刑》、七月号的《侄答叔书》、八月号的《侄奉叔》、九月号的《侄复叔》这五篇文章里，作者借两个中国人——一个遍游异邦的侄子和他从未巡步国外的叔父——的通信，连续讨论刑罚方面的问题。作者首先暗示了中国刑法的严酷，说"查国（按：中国）有刑法律，其刑法，轻则笞杖枷责；重则徒流遣军，更有斩绞凌迟、入于大辟。嗟乎，世人何苦受其典刑"。接下来便讲述西方国家的治罪处罚是如何进行文明改革的，而且是主要介绍了英国著名慈善家和监狱改革家霍华德（John Howard，？1726—1790，《东西洋考》的编者译为"侯活"）毕生致力监狱改革的事迹及其著述的内容，叙述极为详尽，实际上就是一部完整的关于霍华德的传记。

《侄答叔论监内不应过于酷刑》一文主要介绍了霍华德的生平大略。"昔有一好人，名叫侯活，为人平生专务遍地认真查明监牢囚犯受苦受刑的人。他本是英吉利人，雍正三年生，幼年丧父。在京城大商处学做经纪，……30岁，搭船往游于葡萄牙京城，……不幸所驾之船，被法兰西擒获，他被收在法兰西监内，受了许多苦楚，寝食皆废。……在彼见许多人学习恶弊。后得放，即尽力救了同在监内之人。因此，即起心到各处，劝教囚犯，并力查究监内之情形。后来他娶继室，在家无事，农圃自务，并起些茅屋与贫人居，又开书馆，请先生教贫乏子弟。至四十七岁时，得众人公举为巡监官。

因司狱官以酷待囚，不悦，致仕，周游英吉利国各处，并到监狱查狱卒如何待囚犯，后将此情奏于王。历年巡游欧罗巴列国，已到法兰西、葡萄牙、西班雅、瑞典、俄罗斯等国监，将各事表彰通行世间，令凡人知监内之恶弊，亦查疯院医馆等。凡人传知，有国王数位并大臣皆喜悦他所行之事。因建此勋劳，人皆景仰之。……乾隆五十四年正月二十日辰时气绝。死后，尊卑贵贱人等皆忧戚，尸用柩给趁装载，以六马牵之，文武官员士庶车马步行，送葬者约二三千人。"

《侄答叔书》叙述霍华德游历俄罗斯圣彼得堡和莫斯科等地考察刑罚的施行，并探访各处监狱、医院的状况；详细地描述了在那里所见到的施刑的残忍暴虐、狱政的黑暗丑恶、牢狱的污秽陋形。

《侄奉叔》一文展示了霍华德著述的内容。"兹者其君子探视各监，业经走了十二万余里并费银数千元，历所见各残忍暴虐之事，诚恐人学而行之，故不尽说与人知。另有许多恶事，故作书三卷，广布于天下，使人不敢为非。"卷一内论监内之苦；卷二内言监内之恶规矩，其中论到"有英吉利四千八十四囚犯，内二千四百乃是负债之人。自想，若一人被禁，则必有二三人因之而受苦，若以二人之数计之，则有一万二千二百五十二人共之受苦矣"；卷三是关于建设文明良好监狱的种种建议。此处所讲的著述，即是霍华德于 1777 年出版的《英格兰和威尔士的监狱状况》（*On the State of the Prisons in England and Wales*）一书。

《侄复叔》介绍了霍华德所努力推动的西欧监狱改革的成就。"侄将监内苦楚各情由，写书传与西边各国之王侯总督等，俾看之者心中惊讶。故数十年间，王后总督各处之民，皆欲修改监牢之例。"这篇文章的末尾还译载了道光十五年（1835）英国颁布的一项关于监狱管理的法令，共 17 条。这是中国近代最早翻译成中文的一部外国法令。

六、评论与总结

以上概括介绍了《东西洋考》里面有关西方政法知识方面的内

容。下面拟从近代中国输入西学的角度来谈谈其中值得注意的几个问题，或曰这个刊物在反映相关主题方面的一些特点。

《东西洋考》这份刊物是由来华传教士编印的，传教士以传教为目的，本不负有介绍基督教以外的中西文化的使命，但他们为什么要刊发出如此丰富的文章向中国介绍西方的政制法律知识呢？

从背景上说，19世纪以降来华的西方传教士多属新教教徒，其本身已具有较浓厚的世俗化色彩；他们向中国介绍西方文化的目的，主要基于基督教必将战胜异教中国的宗教信念，并且凭借先进的科学文化优势，力图按照西方的形象来改造傲慢自大、唯我独尊的中国。这一点，在《东西洋考》的办刊宗旨当中有着鲜明的反映。在编纂者郭实腊撰写的一篇关于创办这份刊物的说明文章中，他声言："当文明几乎在地球各处取得迅速进步并超越无知和谬误之时，……惟独中国人却一如既往，依然故我。虽然我们与他们长久交往，他们仍自称为天下诸民族之首尊，并视所有其他民族为'蛮夷'。如此妄自尊大严重影响到广州的外国居民的利益，以及他们与中国人的交往。……［本刊的］出版是为了使中国人获知我们的技艺、科学与准则。它将不谈政治，避免就任何主题以尖锐的言词触怒他们。可有巧妙的方法表达，我们确实不是'蛮夷'；编者偏向于用展示事实的手法，使中国人相信，他们仍有许多东西要学。"[1]

传教士并不超然于政治之外。许多新教传教士都是积极服务于西方在华利益这个大目标的。实际上，《东西洋考》的编纂者郭实腊本人就是积极投身刺探中国情报、为英国政府以武力进攻中国效力的一个典型。编印这种介绍西方文化知识的刊物，正是实现其目标的一个重要手段，为在政治、文化等方面改造中国制造舆论。

《东西洋考》刊行于鸦片战争爆发之前的十年间。这时，西方文化已经大量涌到中国南海的附近，经年积蓄，已逐渐形成挑战之势。但在中外交往中的矛盾冲突激化之前，外人慑于天朝大国的权威，尚不敢公开敌视。因此，当该刊在广州创办之时，编者声称："不谈政治，避免就任何主题以尖锐的言词触怒他们。"但实际上只是在特定条件下不直接谈、不公开表达而已（英文出版物即不在此限），委曲隐晦的表达手法却贯穿于刊物的始终。前述专门涉及欧美政制法律内容的文章多采用流寓海外者和中国内地通信的书信体或问答体形式，反映了编纂者的这种良苦用心。

《东西洋考》在1837年前后有关政论作品的篇幅和内容方面有着很大的变化：在此之前，多是介绍世界各国的历史、地理，而零星少量地涉及各国的政治新闻；1837年复刊后刊物出版地由广州迁移至新加坡，则增大了此类主题的篇幅和容量，可谓大肆宣传介绍；前述有关欧美政体、司法审判、自主之理以及狱政改革等方面的篇章都是在这一期间，特别是在1838年刊发出来的。这一方面是由于办刊活动中心处于政治控制之边缘地带，文字言语比较大胆自由，不受拘束。对此，黄时鉴说得很明白，在新加坡"这个不属于清朝政府管辖的地方，西方传教士可以减少许多顾忌，行文时只需主要考虑读书的文化心理状况就无伤大雅。在一种主体文化的边缘，异质的文化有时更容易移植生根，然后向此一文化的本土逐渐扩散和渗透"（导言）。

另一方面，当时中国已经处于鸦片战争爆发的前夜。中英之间为贸易以及由此引发的一系列问题而产生的摩擦和冲突不断升级。正是在这样的历史条件下，《东西洋考》的编者有意识地发表了许多有着明显针对性的文章。例如，1838年戊戌五月号（367—369）发表的《欧罗巴列国版图》一文，逐一胪举当时欧洲各主要国家，包括俄罗斯国、英吉利国、法兰西国、奥地利亚国、破鲁西国、西班雅国、都耳基国、瑞典国、大尼、葡萄雅国、荷兰国、那破里国、撒地尼、瑞子国、希腊、阿理曼的政体、面积、人口、财政和军事势力一览表，以此"可知其国之权势，识其民之财帛"。这篇文章的主旨意在表明：欧罗巴为四洲之魁，而英吉利又是魁中之首。"国帑所进之项，有四海之权在握，惟英吉利为魁，统制所属者，不独在欧罗巴之洲，而普天下四方握国也。"此言此语，显然是以雄居世界主宰地位的口气，向中国发出当今世界已是列强并立且已环伺天朝大国的战争警报，其间透露出中国早已远非昔日那样的神秘莫测和独尊天下的意味，实预示着一个东西方关系巨大变革时代即将来临。

再如 1838 年《东西洋考》连续刊载 5 篇关于刑狱方面的专文，实际上是借助宣传西欧文明的监狱管理制度来抨击清朝司法的腐败黑暗和狱政的严酷落后。

但也正是这样一种特殊的历史背景之下，《东西洋考》成为最早将世界各国的国情、政治和近代西方的法治思想、司法制度和监狱制度介绍到中国来的重要文献。我们常讲，中国近代以来有关法律的概念、术语、思想和制度多由西方传入，但对它们究竟是什么时间、由谁以及如何传入的一类问题往往未加进一步地探察。而早期来华传教士编印的中文书刊，特别是《东西洋考》这部刊物恰好为我们提供了考察这些问题的一个路径。

从以上的叙述当中，我们可以知道，诸如法兰西国大开言路、民自操权，拿破仑设造新律例。英吉利国政公会权势其盛，未经公会辩论，国王不得征税和立法；只要律例不定人罪，国王就弗能定案判决的罪刑法定原则；国主公侯以至士民凡庶犯法一齐治罪的法律面前人人平等原则，审判公开原则并由"副审良民"议定批判的陪审制；霍华德致力推动的近代监狱制度改良的业绩。美利坚合邦"民摄总政"、不立国王而选举四年一任的总统，以及"按例任意而行"的"自主之理"等。这些内容十分丰富的名词、概念，早在鸦片战争——它往往被视为中国近代史开端标志——之前就被介绍到中国来了。尽管它们大多还仅限于知识性的介绍，而且文字也略显粗糙，尚不具有专业的、系统的输入水平，但其许多的内容都是第一次在中文文献里出现的，以其开风气之先而具有独特的价值。那些听起来仿佛就像天方夜谭一样的新的信息，对于长期处于封闭的封建君主专制统治下的中国人来说，无疑有其深刻的启蒙意义。

《东西洋考》所载关于世界地理、历史和政治方面的篇章对当时睁眼看世界的先进之士产生过一定程度的影响。它是魏源编辑《海国图志》（1842年版）这部巨著的重要参考资料之一；徐继畬撰成《瀛环志略》（1848）也参考过《东西洋考》，其记述英国国政，即取材《英吉利国政公会》文章里的有关内容，并接受了指称英国议会的"爵房""乡绅房"这类词语。可见，西人用中文编写的介绍西方知识的文字，首次在一些有地位、有身份的中国读者的著作里得到了回应——他们是敢于破除固习陋见、勇于探求新知的一批先进人物。这也是中国步入面向世界、"向西方国家寻找真理"（毛泽东语）漫漫行程的开始。

综上所述，19世纪前期是西学东渐过程中一个不可忽视的阶段。在国人睁眼看世界之先，那些首先掌握了中国语言文字的新教传教士通过编印书刊等途径，最早向中国传入了内容相当丰富的西方政治法律方面的信息；《东西洋考》即为反映这个历史真实过程的一个重要载体。近代中国输入西方法学的进路亦以此为嚆矢。

附　录

若干译名对照表

《东西洋考》中之名称	今通译名
公会，国政公会，国政会	议会，议院
爵房	上院，贵族院
乡绅房	下院，众议院
亚墨利加，亚墨理驾	美洲
北亚墨利加合郡，北亚米利加合郡	北美合众国
亚米利加兼合国，米利坚合邦	美利坚合众国
首领主，首领，元首，统领	总统
英吉利	英国
耳兰地	爱尔兰
佛兰西国，法兰西国	法国
瑞子国	瑞士
西班呀国，西班雅国	西班牙
葡萄雅国	葡萄牙
者耳马尼国	德国
布路西亚，破鲁西国	普鲁士
阿士氏拉国，奥地利亚国	奥地利
以大里亚国	意大利
那破里国	那波里
南亚墨利加	南美洲
都耳基国	土耳其
大尼国	丹麦
副审良民，批判士	陪审（员）
公班衙	公司
侯活	霍华德

［原载《法律科学》（西北政法大学学报）2001 年第 3 期］

【1】 *Chinese Repository*，August 1833，p. 186.

罗马法传播中国文献稽考

    2002 年年初，厦门大学徐君国栋教授寄来他的新作《中国的罗马法教育》一文，并嘱我对这篇论文提出些修改意见。我知道他关注这个题目已有相当时日，至少去年秋我们在西安见面时，他就曾向我提及他正在准备这方面的资料。不想，他竟很快完成了这个要想写好并不容易的题目。我利用寒假细读了这篇大作，深感此文为我们了解中西法律文化交流的历史提供了丰富的素材和内容；其对于研究罗马法在中国传播之演进，或换而言之，近代中国如何引入和继受罗马法，以及中国近现代法律教育的形成和发展等问题，均作出了比较系统的梳理和阐发，具有开创性的意义。春节过后，我写信向他报告了我阅读这篇论文的上述感受，同时还提供给他我所掌握的若干资料线索。我原想这些资料线索为他充实或修改论文或有帮助，不料徐君很快回信说，我提供相关材料的那封信，实为一篇关于中国的罗马法文献状况"最详细的报告"，并鼓励我以此为基础，稍作整理润饰，然后发表在由他主编的《罗马法与现代民法》论丛上面。起初我对徐君的这一建议颇为犹豫，因为尽管我在读大学本科时就曾选读过罗马法这门课（在今日中国的大学本科教学中，罗马法仍为选修性质的课程），但终因未尝专攻而几乎可以说是个门外汉，更何谈涉足这一向令我景仰的高级学问？但我转念又想，徐君多年来孜孜致力于罗马法研究，为罗马法在中国传播的这块园地里辛勤耕耘，其饱满激昂的工作热情与虔诚的使命感有似当年冒险来华翻译和传播《圣经》的传教士，令我深为感佩。加之徐君在那篇文章中所发在中国搞研究若像在国外收集资料的方便"该多好"的感慨，以及他坦率地直言——"做不好小事的民族，很难指望它会做成大事"——更引起我的共鸣。想到这里，自觉亦应以个人微薄之力襄赞斯业，何况这个涉及中西法律文化交流的题目，也正是我近年来的关注和兴趣所在。于是我搜罗行箧，汇集散佚，缀成斯文。故是文之成，首先应归功于徐君的命题与督促。

这里还应说明的是，本文标题中的"罗马法传播中国"，主要指有关罗马法概念和知识被翻译成中文并以种种途径予以广布流传的历史过程；按此，举凡早期中文文献当中有稍涉古罗马政制法律内容之文字记载者、罗马法教育在中国制度化的最初情状及其传播成就等方面的内容，均予采录，并作适当的考证与评断。全文分3部分，依次追溯1840年代以前中文文献有关罗马法概念之背景介绍，其后直至19世纪后期渐次推展的西学翻译中罗马法译名与概念的出现和清末民初之际罗马法知识系统输入的状况。

1907年发表的汉译《罗马法研究之必要》一文和1910年的出版物中"论罗马之法律"的章节，是我收集到的以中文系统表述罗马法知识最早的两篇文字，因有其一定的史料价值，故附于文末。（限于篇幅，本书从略）

笔者虽于主题文献有所辑录与考释，然疏漏与不当之处或有不免，诚望识者补遗并校而正之。

一、古罗马与西洋法制文明

中西文化交往于今关系密切者，自明清泰西天主教耶稣会传教士来华始。其所传西学，除教义天算舆地器物之外，亦有大量西洋政治社会风俗教化之事。

明万历四十三年（1615），意大利籍耶稣会士高一志（Alphonse Vagnoni，1556—1640，1606 年来华，字则圣，初名王丰肃）即以中文译介"西学"，称"法律之学""医学""格物穷理之学"三家者，"乃西学之大端也"。译介之作，不仅单独印行，还收录在高氏《童幼教育》一书（1620 年初刻，1632 年左右修订）。该书"学之次第八"云："罗谟落，太西总都太祖也，元制法律，而孝敬父母之戒尤严。盖父于子之不肖不敬者，欲其任意责惩，投于仆、流于野、黜于夷不惜焉。""知耻第十"在阐述西方敬天主、孝二亲时又举例称："罗玛尝为西国总都，其治幼之术甚美且严，乃欲其从少专存此羞心，则使常衣红衣，使常念内羞之存也。"

明天启三年（1623），意大利籍耶稣会士艾儒略（Giulios Aleni，1582—1649，1613 年来华，字思及）借杨廷筠之助，刻印《职方外记》一书。该书卷二专列"意大里亚"一目，其中提到托马斯·阿奎那著"神学"巨著（"圣人多玛斯著陡录日亚"）、作为近代大学起源和罗马法复兴发祥地的波伦亚大学（"博乐业城，因多公学，名为学问之母"），并在"欧逻巴总说"一目中又提到最初指称罗马帝政时代元老院的"天理堂"，以及欧洲传统的学术分科："大学，乃分为四科，而听人自择。一曰医科，主治疾病；一曰治科，主习政事；一曰教科，主守教法；一曰道科，主兴教化。"同年，在艾氏出版的另一部中文著作《西学凡》里面，又介绍了作为西学六科之一的"法科""国法""法学"等概念，"法科，谓之勒义斯"。

崇祯初年，即 1630 年左右，高一志奋志撰成西学三书，其中《治平西学》一书，专述西方政治原理、制度与经验。其论述阐发，辄引古罗马治理经验：

"罗没落古为西都之首王，乃于众问选明智德热之老士一百名，以为议臣因称民之父。迄今两千余载，西土诸国依从古制各立老臣之部，乃国政之大务，无不由之先议后决是也。"（议臣当何第二章）"罗玛吾西宗都古制，凡传所已议事，必服或焚或缢刑，以故彼中最尚缄默，而其议事凡会议虽上百余人，微独不漏也。"（议臣慎于舍权第五章）"罗玛都法，凡惰于农治，必挂谈章而受污辱。"（富足民何第七章）"罗玛西都古危于外夷之患，而库不足应急。于是当事者及诸巨家者自将其宝资而甘奉献于公庭，以解公危，乃下民之众不俟劝强，各取所藏而并献之，因所聚之金数甚众，非止足用，尚有余矣。"（税敛当何第一章）"罗玛西都古制：童幼者不与饮酒，以绝诸乱之端。"（博酗贼民之和第六章）

崇祯十年（1637）艾儒略等撰《西方答问》一书，介绍意大利在欧洲东南，"去贵邦最远，古未相通，故不载耳"，"以教化宗主为尊，今在位者谓之吴尔巴诺"，等等。

1615 年，利马窦（Matteo Ricci, 1552—1610）札记被金尼阁（Nicolas Trigault, 1577—1628）从意大利文译成拉丁文出版（1983年中华书局出版了何高济、王遵仲、李申的中译本《利马窦中国札记》），该书主要记录利马窦对中国政教风俗的观察，提到并指出中国"没有像我们的《十二铜表法》和《恺撒法典》那类可以永远治理国家的古代法典。凡是成功地取得王位的人，不管他的家世如何，都按他自己的思想方法制订新的法律。即位的人必须执行他作为王朝创业人所颁布的法律，这些法律不得无故加以修改"。显然，这部札记是为了向欧洲介绍中国的情况，而不是相反的情形。

揆诸明清之际中西交流过程所遗中文文献，"意大里亚"、"罗没落"或"罗谟落"、"罗玛"，学问之母"博乐业城"、"天理堂"等概念即已大量出现，耶稣会士首次向中国传递了古罗马和意大利的历史、政制、法律、经济、学术、教育、社会习俗等丰富信息，在向中国传播包括罗马法在内的西政知识方面，堪称前驱，其开创之功，足值记述。事实上，彼时输入西学之势正盛。1619 年金尼阁自欧洲携西书 7000 册重返中国。艾儒略等称"愿将以前诸论与同志译以华言。试假十数年之功，当可次第译出"，"渐使东海西海群圣之学一脉融通"。（《西学凡》）极为可惜的是，耶稣会士开创的中西文化交往之活泼局面，后因中西"礼仪之争"和由此导致的禁锢政策而被阻断。

自 19 世纪起，英美等国新教传教士徐徐东来，他们学习汉语、编纂字典、开办书院、刻印书刊，开传播近代西学之渐。

新教传教士普鲁士人郭实腊（Karl Friedrich August Gutzlaff，1803—1851）等所编《东西洋考每月统记传》（今有 1997 年中华书局的黄时鉴整理本），系中国近代中文期刊之嚆矢。综核其中关乎罗马的语词，有"罗马""罗马人""罗京""罗马城""罗马国""罗马朝""罗马之话""罗马皇帝""罗马国人""罗马总督""罗马大将军""罗马皇帝之地"，并屡屡出现；虽文中不见有如"罗马法""罗马律"之任何字样，但已间涉古罗马的法律。如道光丁酉年（1837）十一月号所载《法兰西国志略》一文，记述法国历史时曰：

> 当汉朝年前，……罗马总督主治调理野蛮人，是以渐渐向化。且国家既稳当，土民藉罗马之话，又进其风俗，而遵其律例。齐明帝二年（即公元 495 年），夷君破罗马之阵，后始创立新国也。

鸦片战争之前，葡萄牙人玛吉士所撰《地理备考》一书"欧罗巴各国总叙上"曰："塞萨尔（今译恺撒）总大政，立法制，罗马大治。"

"欧罗巴各国总叙下"又曰：西罗马帝国灭亡之后，"罗马国之政治法度、技艺、文学等，扫荡仅存踪迹；政事、律例、风俗、衣冠、言语、人名、国号，尽变夷俗"。

魏源所辑《海国图志》（初版于 1844 年，后曾两度增补修订。今之最新版本，系 1998 年长沙岳麓书社出版的陈华等的点校注释本。）着眼于"以西洋人谭西洋也"。在大量辑录西人中文著述的同时，并有自己对西洋史地政情——包括古罗马的书面考证。该书卷三十七"大西洋欧罗巴洲各国总叙"注曰：

> 大秦之闻名中国，自汉世始。大秦之通中国，自明万历中利马窦始。大秦者，西洋之意大里亚国也。凡佛郎机、葡萄亚之住澳门、入钦天监，皆意大里开之，为天主教之宗国，代有持世之教皇，代天宣化。至今西洋各国王即位，必得教皇册封，有大事咨决请命焉；……故自昔惟意大里亚足以纲纪西洋。

卷四十三"意大里亚国总记"标题下所附小注，曰：意大利亚国，"一作伊达里，一作以他里，又名即如史书所谓大秦国也。罗马，一作那马。案：利马窦即此国人，非今澳门之大西洋国也。又案：凡地名末亚字、阿字，皆其余声，可有可无"。

同卷所辑《后汉书》《晋书》与《魏书》中关于"大秦国"的记载，魏氏注曰："大秦乃中国人称彼之词，非彼国本号。"

由上可见，第一，鸦片战争之前，中文文献已有"罗马"一词，后长期沿用，以至今日。第二，在来华新教传教士编制的中西对联史上，即已呈现出约在汉朝之前，泰西有一名为"罗马"的国家；透过对"罗马"地理历史状况粗疏的勾勒，依稀可见"罗马"

律例之存在。第三，当时的中国官府，懵于外界政事，又不询问考求；即使最早放眼看世界的先进，也仅限于辨识"罗马"一词的时空概念。故当时国人对于罗马法的概念，几无所知。

二、西学翻译中罗马法译名与概念的出现

同光之际，汉译西书工作始有起色。时颇有崇尚公法（今之"国际公法"）之风，故有移译公法书籍之盛（后亦有国际私法）。有关罗马法律的译名及概念，亦于无形之中正式进入汉语世界，传布于中国。兹胪列其中数例，以观其貌：

清同治三年（1864）京都崇实馆刊印由美籍传教士、同文馆总教习丁韪良（William Alexander Parsons Martin，1827—1916）主持翻译的《万国公法》（原著 Henry Wheaton 的 *Elements of International Law*），是为近代中国输入西方法学之第一书。书中有云：

> 罗马国，古时律法并教中条规，不足为指南，必也揆情度理，博考诸国之常行，方可得明此道，……"（卷一，5：b）

> 海付达、日耳曼名公师也，彼云：罗马国律法书，所谓万国之公法者，其最古最广义，无他，即诸国所常行默许者也。不但诸国赖此以交际，即人人往来，亦遵此法，有权可行，有分当守，非仅出各国律法，乃处处通行无异也。……海氏以诸国之法，不足尽罗马国法师所言公法之义，乃世人之公法，各国不可不服，无论何人何国，皆可恃以保护也。盖人之相处，必有法制以维持其间，各国之交际，亦然，法乃所以护人，不受外暴也，或执权者，体而行之，或各人自秉自护之权，而行之，此乃罗马法师，所谓公法之义也。（卷一，10，11：a）

依古例，动物植物，皆归胜者，即如罗马律法甚严，其视征服之地，每有如此而行者，及国势衰微，经北狄征服，自亦循环受报，乡间田产，狄君于是将其三分之二，入公，八百年前，挪满君韦良，征服英国，其待英人也，亦复如此。（卷四，23：a-b）

……

清光绪三年（1878）末，由同文馆馆生汪凤藻、凤仪、左秉隆、德明合译，丁韪良鉴定，京师同文馆聚珍版的《公法便览》[原著美国吴尔玺（T. D. Woolsey）的 *Introduction to the International Law Designed as an Aid in Teaching and in History Studies*] 云：

公法之昉自泰西，其故有三：其奉行犹太仁义之教，一也；其承继希腊之性理、与罗马之律法，二也；泰西诸国，界皆毗连，而往来较密，致成例易于通行，三也。（总论，3：b—4：a）

清光绪六年（1880）由丁韪良、联芳、庆常、联兴、贵荣、桂林合译，京师同文馆聚珍版的《公法会通》（原著为德国步伦 [Johann Caspar Bluntschli] 的 Das Moderne Voelkerrecht der civilisierten Staatenals Rechtsbuch dargestellt）云：

公法之兴也，罗马日耳曼二族，其功较著，盖此二族分为列邦焉，至公法之行也，则土耳其中华日本等国，亦渐有遵之者。（卷一，3：b）

万物惟人能享权利，盖物属于人，而人则不属于人焉（谓人非如物可以买卖毁伤）是人与物固不同类也（此理之自然，罗马古人曾言之，惜后人忘之，而自取祸患也，……）。（卷四，1：a）

1894 年前江南制造局翻译馆刊印了英人傅兰雅（John Fryer，1839—1928）与其同事六合人汪振声合译的《公法总论》一书［此书原为英人罗柏村（Edmund Robertson）所著 *International Law*，载《大英百科全书》第 9 版］，其中"论古今公法之沿革"一节有云：

> ……迨希腊衰而罗马兴，初设罗马律法，酌定与别国交涉事应如何办理。后罗马日渐强盛，不依从前相待别国之公法，并废公法学堂与教师，于是众人均以为非。罗马所设交涉之律法，虽在万国公法源流内为要紧一款，然罗马律师不以为万国公法只罗马国与罗马所来往之各国有相关而已。罗马衰后历数百年，无有能考究公法者，只有数条为各国所遵循，……有公法师美纳爵等所著之书论古时罗马律法与现在公法之相关，俱凭天然公理并邦交之道，故此论内可言其大略。……初欧罗巴各国行封建之法，以其地分属于各诸侯，民皆受廛而居，各诸侯俨然地主，故用罗马国之内法，所有田产之事均归律法办理，及后封建之法不行而权归国主，于是始有公法师出，窃取罗马律法之意。一千二百六十四年有格鲁西乌士著和战公法书，……格鲁西乌士之书可为公法之祖，大都从罗马律法书中参考而得。……

仍由傅兰雅翻译、上海江南制造局刊印于 1898—1902 年的《各国交涉便法论》，原系英国 Sir Robert Joseph Phillimore 的 *Commentaries upon International Law* 一书之第四卷 Private International Law or Comity。由于原书的私法性质，译本中所涉罗马法之内容，可谓俯拾皆是：

> （所以）各国，无不默许彼此境内寄居之各等人，其

所生事端，无论为有害于众人，或有害于一二人，均可有
公用之律，为之管理，即如罗马律中所云：各国人民，分
所应得，分所当为者，虽办法不同，其总理则一。

……如法国从前，及英美各国，俱有渐生交涉之便法，
其法有依罗马之古律而设，有依其本国与他国特设之律而
设，又有依通商常行之规例而设，又有依各国创造公法人
书中所论之理而设。（卷一，2—3：a）

罗马律有一语云：此国所欠各国之债，可依律而强之
偿清，但依各国交涉便法中所可求让之事观之，则不能依
律用力相强。又有一语，此书前已行用多次云：本国之律，
不能望于境外施用。（卷一，4：b）

凡著论各国交涉之法书内，不可不辨别以上所有便法
与公法之分，但其分别之处，已经指明各国人民与律有相
关之处，应如何治之，此事只有声明便法与公法，均恃各
国合成一会，必有公法之理以为根原，即如罗马律师喀西
欧儿陆司所云：听讼者虽多，其公义之理则一，又如一国
内之律师，必将国内各省各处所有不同之规矩与章程，归
于一理而治之，是以交涉之律师，亦应将各国律例所有不
同之处，归一公义之理而料理之，如律师巴司喀剌所云：
公义之理，不能以山河限之等语，又有罗马律师细息罗云：
若以律而论，则国境之外所有者，不过为人类所服之总
理。……（卷一，5：a）

罗马律最重自主之人，能自择其居处，所以不许他人
强之，……

罗马律，无论为其律或其例，俱能管理其人居处之事，
近时各西国之律，亦存此意，并有与居处相关之别事，依

罗马律，有数种官员，并数种有罪之人，其居处为国律所定者。（卷二，1）

以本地之律，治事之法，人皆以为出于罗马律，不知罗马律内，实无此例。

罗马律与本地律例，治其事宜，最相合者为遗嘱，不照本国律例，见证均未画押者，其遗嘱即属无用，此盖谓一切遗嘱，当以罗马律为正，……

罗马律例，以父为子纲，父若许其自立，即不属于其父。（卷五，26—27）

除汉译西方公法、私法诸书之外，当时出版的其他政法类译本中，亦有涉及罗马法内容者：

1873 年德国来华传教士、汉学家花之安（Ernst Faber, 1839—1899）以中文出版《西国学校》一书。该书介绍欧美学校教育制度，其中讲述大学法学科目时，有"今泰西之法，概以罗马之法为根本"一语，明白地传达了罗马法与当今诸西国法律的渊源关系及其在西法中的根基地位这样一个概念。后人提及罗马法者，如马建忠、梁启超等，每多有类似之语，足见花氏此言，为国人认识罗马法之第一概念。

1885 年由傅兰雅口译，永康应祖锡笔述出版的《佐治刍言》（*Homely Words to Aid Governance*）一书，乃晚清对维新思想产生很大影响的一部西方社会政治思想的著作，康有为、梁启超、章太炎等人都曾认真读过。该书第十一章论律法并国内各种章程有涉及罗马法内容一段：

尝考古罗马史书，言罗马王因国中尚无律法，特派钦差，赴希腊查考希国律法，携归本国，遂为罗马律法。又

有所谓十二碑律法者，其书极古，刻于十二块碑上，故有
是名。说者谓此即由希国取归者。近来已知其谬。盖罗马
律法，实由逐渐编辑成书，略在西历五百年时，卷帙甚多。
如欲将全书各种悉携一部，非十二驼不能搬运。因其时尚
无印书之法，所有律书，俱用兽皮缮成，故其书极大也。
此书寻常人不能多见，国中亦止有几部。后有罗马王名这
司你替恩者，集国中名人，将各种律书，详加参订，撮要
删繁，另辑一简便之书，以垂世用。……欧洲各国，至文
教已兴之后，仍用罗马旧法，或又将罗马旧法与诸侯之法
彼此参用者。法兰西民变之时，凡有名位人向来所有利益
全行裁汰，百姓欲将诸侯律法一概废革，故法王拿破仑另
订律法一部，以合当时之用。法国能如此猝变律法，实为
从来未有之事，而改律后能行之安然者，亦因所定新法，
大半本于罗马旧法，数百年前其国已行过此法，故改变后
亦较易也。

该章后被取为单篇，以"律法"为题，辑入于宝轩所编《皇朝
蓄艾文编》卷三十"法律"目。

必须指出的是，以上所见罗马法的名称与概念，皆属于所译原
著固有之内容；既非译者有意介绍，更非出于满足读者了解之需。
但随着朝廷遣派出洋游学、出使大臣与游历官们眼界的扩展，相关
记述亦进入其所作日记与书札之中；换言之，国人始用自己的话语
来表述罗马法的概念。

1878 年夏，官派游学法国巴黎法政学校的马建忠在致国内友人
的信中讲道：

夫泰西政教，肇自希腊，而罗玛踵之，……罗玛创始

之初，地广人稀，招徕流亡，渐臻繁庶。然后闭门谢使，禁绝外人，即有至者，不得与本国人民同享权利。迫国势昌盛，取希腊而收之，遂奄有地中海周围诸国。溯其战争之际，虽无遣使立约之明文，犹有不杀使臣之遗意。殆即交涉之道之嚆矢欤。罗玛统一泰西，垂三百余年，鞭笞叱咤，远方之来贡者，有之未闻，讲信修睦之与国也。君士但丁营造东都，遂以其名命之其子，辟分罗玛而东西之势，解力弱历传数世，北方之来冠，西罗玛者始于高特而亚第辣继之西罗玛遂灭，东罗玛至儒斯定王大修律例，仅一时之盛，及罗奥买之说行，屡为回教所侵，而东罗玛卒归土耳基矣。

在 1894 年冬写成的《拟设翻译书院议》一文中，马氏又提出应译为居官者考订之书，而尤当译者，即《罗玛律要》，因其"为诸国定律之祖"；另外还有《罗玛总王责撒尔行军日记》。

马建忠对罗马法的介绍，进一步成为当时一些思想家对罗马或罗马法认识和表述的直接来源。如在麦仲华所辑《皇朝经世文新编》（1898 年，上海大同译书局印行）中，录有《掌故学》一文（该文无署名，且写作时间不详）。该文即引用马氏论译书一文说："罗玛律要，为诸国定律之祖，……"梁启超亦袭用此说（后见）。

马建忠写于 1877—1894 年的文字，后汇为《适可斋记言》一书，于 1896 年刊印；1897 年被编入梁启超主编的《西政丛书》（慎记书庄石印本），1960 年又有中华书局本。

1890 年奉使英法义比的薛福成在其出使日记中也曾谈及罗马法。据《出使日记续刻》光绪十八年（1892）十二月（乙卯）十六日记录：

英、法、德各国刑律，皆本罗马。罗马古律极严：谤人者死，私刈田禾者死，故烧人物产者投诸火；犯窃者鞭

责后充奴婢，奴婢犯窃加等投诸崖。遇窃盗格杀勿论，辱
人者罚驴三十五疋，折人牙齿者罚至三百疋。尤奇者，本
夫不得擅杀奸夫，惟奴仆奸主母则杀勿论；逆伦之犯，取
鸡犬蛇各一，同置一囊而沉诸水；蛊毒杀人者罪同。嗣后
旋改旌轻，除大逆不孝、师巫邪术、奴仆作奸数等之外，
概从宽恕。

1894 年至 1897 年作为随使英伦的驻英参赞宋育仁在《泰西各
国采风记》(光绪二十二年，1896 年袖海山房石印本)《宜自译六经
贻外国使夷进于夏》一文中记述：

洋书则《罗马律例》、《万国公法》、《通使指明》，根
于其教，发于其政，行于交涉。亟宜译订旧伪，究绳得失。
公法始于荷兰人虎哥，本闭户私书，其后讲者接踵，遂成
公律。近荷兰学会复取各国律例，与罗马古律参会，订为
泰西通律，致书各国政院，议院许以通行。

此段内容又以《外洋学校》为名被节录于《增辑经世文统编》
卷一百十九，洋务十七"中外纪"目下。

再《路得教谓天伦有六为滑夏之要害》一文曰：

耶稣废律法，无一语及政。当罗马盛时，奄有西土，
诸国皆奉行罗马王所定之律。及法国创霸，征服诸国，复
行法王路易所定之律，以势行法，……

游历英法的兵部主事刘启彤译编的《英政概》(约 1890 年前后
出版)一书在介绍英国政治法律制度中，亦稍涉罗马法概念，如在
"公断人"一目中，有"公断之法始于罗马，所以平两造之争而防
官断之偏也"；又如"律例"一目中，有"英国律例约分五种，一

曰古律，多出罗马，英君威廉第一尝修改之"。

还应提到的是，同光之际海关总税务司署曾出版过一本名为《罗马志略》的书，该书为传教士艾约瑟所编。1897 年至 1898 年梁启超主持湖南时务学堂时，曾将其列为课读书目之一。

经过几十年的努力翻译与介绍，至 19 世纪末期，国人笔下的罗马法，内容愈见丰富，轮廓益加清晰。在一篇题为《论中西刑律轻重异同之故》的时论中，作者写道：

> ……西人律学，皆原本罗马。罗马律学出于雅典。……纪元前四百五十四年，罗马议事官议秀才三人如雅典学律法。先是罗马本无一定之律，国王以意裁决庶务，及共和为政，执政威权太重，民长的连底流建议宜作律书，及是所遣三人学成还国，废执政，置大官十人。四百五十一年新律始成，颁行国中，名十二律法。法官按律行政，而犹多暴戾，诸民咨怨。纪元五百六十年之间，东罗马帝入斯底安尼第一与法律大家翟利破尼及其他法家十人议定四种法律，一曰改正旧法纂辑罗马历代法律，定为十二册，二曰国法基源，论国法本理，三曰民法全书，书凡五十册，四曰新定法律。帝所自作，皆颁行国中，臣民称便。（此处作者注释曰，依据《万国史记》）……溯西国民政根底于希腊，……君民共主之政实成于此时。其后贫民与贵族党争。罗马承之。贵族党率藉律文以禁制贫民（十二律法有云，贵族不得与庶人通婚，又言国之大官惟贵族为之后，庶人争之，乃废此律。）自是民长提庞留倡颁田说，为贵族所扑杀（纪元前一百二十年之间），亚布勒愈利休主张民政，为刺客所毙（纪元前百年时事），民政君政迭废迭兴，贵族持之益力，自后君权愈重，压力愈大。……

该文无署名，曾被收入麦仲华辑《皇朝经世文新编》（1898 年大同书局印行）及其他文集。

外人的不断译介，继而加之国人的复述，罗马法的概念遂渐渐深入更多关注西洋知识者的头脑当中。康有为甚至明确表示应以罗马法等西国法律来变更本国的法律。在《上清帝第六书》（1898 年 1 月 29 日）中，他指出：

> 今宜采罗马及英美德法日本之律，重定施行，不能骤行内地，亦当先行于通商各口。其民法、民律、商法、市则、舶则、讼律、军律、国际公法，西人皆极详明，既不能闭关绝市，则通商交际，势不能不概予通行。

这可能是中国最早提出参照罗马法改造本国法的主张。

既然要以罗马法作为重定大清律的模范，则首先要有完整系统的阅读和研究。光绪二十二年（1896）梁启超在他的第一部政论著作《变法平议》的"论译书"一文当中，提出作为"诸国定律之祖"的《罗玛律要》等书，"皆当速译"。光绪二十四年（1898）七月出版的《万国公报》（*Global Magazine*）第 150 册发表署名广学会的"速兴新学条例"一文，内开"泰西要书总目"中，亦包括《罗马律法》一书；此外，并有《希腊罗马二国语言文字通论》《罗马国语言文字考》两项。

总之，当时若干思想先进者已萌发探求罗马法知识的欲望，而其目的至为明显，即以远祖罗马法之西国诸律，更定中国法律，求中国之富强。罗马法在中国传播与影响的进程，实与维新变法思想兼程并进也。

三、罗马法知识的系统输入

19、20 世纪之交，罗马法知识开始系统输入中国，其主要表现：一曰官僚系统与知识上层愈加认清罗马法的根基地位和重要；二曰介绍和研究罗马法专门文字的出现；三曰罗马法传播的制度化，即罗马法在新式学堂教育中讲授地位的确立。现分述如下：

（一）清末立宪修律奏议与讨论中的罗马法

旨在"欲求振作"的新政改革上谕（1901）发布之后，诸大小臣工纷纷上言，条议以闻，其中颇有能援引古罗马政制法律阐发中西政法大势者，观故宫博物院明清档案部编《清末筹备立宪档案史料》（全二册，中华书局 1979 年初版），可以窥见。兹检阅如下：

光绪三十二年（1906）四月十五日——出使各国考察政治大臣载泽等奏在法考察大概情形并再赴英呈递国书折：

> 大抵欧洲各国政治，悉根原于罗马旧制，言政法者必先言罗马，犹中国学者必首推周秦。罗马为古昔强国，其立法之原，最富于统治之力。法国地近罗马，政法实得其遗传，而又经拿破仑第一之雄才大略，综览洪纲，以沈毅英鸷之资，手定立国治民之法，公私上下权限分明，数十年来虽屡经变革，卒易世及为选举，而其理法条目遗意相承，无或稍异。

光绪三十二年七月初八日——出使各国考察政治大臣戴鸿慈等奏请设编制局以改定全国官制折：

> 英、德以日耳曼法系，重在地方分权。法、意以罗马法系，重在中央集权。

光绪三十二年八月二十二日——御使张瑞荫奏军机处关系君权不可裁并折：

> 或谓东西各国权归内阁，不闻专权，不知泰西无论何

等宪法，皆为民主，其君权轻，其臣无从专擅。然罗马之革老丢斯，不免受制于亲臣，法国之武额加颇多，亦曾废王自立。

光绪三十二年八月二十八日——内阁中枢王宝田等条陈立宪更改管制之弊呈：

伏查西土峨特诸族之兴也，其政皆本之罗马，罗马之王也，其政又本之希腊，希腊所有制度，则又自埃及天方诸国，以渐而西者也。其大端有三：有君主政，有民主政，有共和主政。此今之所援以为典要者。然考纪元前数百年间，希腊之雅典国废其王而设亚尔干，亚尔干即总理之说也。罗马废其王而立公修尔，公修尔亦总理之说也。其又以有事而设总管，为期六月，则大总理之说也。然雅典以废王之故，刑政不修，卒并于士帕太，而罗马贵族擅权，虐役其民，以致众怨沸腾，相率而叛之，积而至于同室操戈，大肆屠戮，祸难相寻，数百年不止，则所谓设总理之效亦可睹矣。当其梭伦之执雅典政也，立议事之官，分都人之等，选都人年二十以上者，皆得参议事，又置审官执行法律，而以践履端直为众所服者允之，与国人约守其法百年。利古尔尼之执士帕太政也，立西那多以议事，而以贵族贤者年六十以下为之，又开民会，而以都人年三十以上者为之，更置司法五员以纠其违，既定遂去国，后人哀之，相与守其法不变，此即后宪政之所由起也。此固与废王立总理，固判然为二事也，今议者并为一端，则又谬之谬者也。及罗马氏衰，各族崛兴，日耳曼诸国相继而起，尤以英吉利、法兰西为最著。然其立国之初，政法宗教，

一皆源于罗马，而以希腊为学术文字之所自出，故上下议
院，各国皆有，虽明知其非而不革也。……

光绪三十三年（1907）五月初一日——大理院正卿张仁黼奏修
订法律请派大臣会订折：

> 法律者立国之基，致至之本，方今东西各国法学昌明，
> 莫不号称法治，缀学之士精研环球法律派别之不同，盖分
> 四大法系，实以中国法系为最古，谓之支那法系，其文明
> 东渐西被，而印度法系生焉。由此播乎欧洲为罗马法系，
> 是为私法之始，更进为日耳曼法系，此法系复分新旧，是
> 为公法之始，欧美诸大国皆属此二法系，日本法律本属支
> 那法系，而今则取法于德、法诸国，其国势乃日益强。夫
> 礼昭大信，法顺人情，此心此理，原可放诸四海而准，先
> 王法制，本足涵盖寰宇。我朝列祖列宗，制作美备，大经
> 大法，超越千古，今我皇太后、皇上更取东西法律合诸一
> 冶，于上年有修订法律之命，将见支那法系，曼衍为印度、
> 罗马、日耳曼新旧诸法系者，复会归于大法系之中，而成
> 圣朝之法治，固不仅包含法、德，甄英、美而已。
>
> ……特闻立法者，必以保全国粹为重，而后参以各国
> 之法，补其不足。此则以支那法系为主，而辅之罗马、日
> 耳曼诸法系之宗旨也。

光绪三十三年七月十八日——拣选知县举人褚子临等条陈宪政
八大错十可虑呈：

> 以职员所闻，雅典、马其顿诸国以兵强，亦以兵亡，
> 而罗马亲卫军之弊，废立恣其胸臆，威福出于睚眦，其受
> 祸未有惨于此者也。……论者又以宪政一行，则祚延百世，

而援罗马立国二千余年为证。……

宣统三年（1911）九月初五日——修订法律大臣俞廉三等奏编辑民律前三编草案告成缮册呈览折：

> 各国民法导源于罗马邱司基尼恩人民法典，其后有那坡仑民法法典，多数之民法，如日本、德、奥、义等国皆从此出。其编纂配置，有主张人事法与财产法前后之别者，如拉丁派与日耳曼派所争之主意是。有主张物权、债权前后之别者，如日耳曼派中所争之主意是。而法族之异同复分拉丁系、日耳曼系、折衷系、俄罗斯系四种。法、义、荷兰属拉丁系，德属日耳曼系，瑞士、日本属折衷系。折衷者如日本民法以财产法为先，瑞士民法以人事法为先，而物权先于债权，则为二国之所同。各系以形式论，皆依罗马，不过大同小异，以实质论，各按已国之民族，不无彼此之殊。凡此皆中外民法源流之大较也。

此外，宣统年间，工部员外郎蒋楷与德国法科博士赫善心氏（时任青岛特别高等专门学堂法科教授）曾有涉及罗马法与中国法律改革关系的交谈：

> 问：此国所视为甚重者，彼国不以为然则如何？
>
> 赫曰：法律以民情为根柢，西教同出于耶稣，西律同出于罗马，故无悬绝之事。……
>
> 问：日本何以收效？
>
> 赫曰：日本无法律，向用中国法律，继抄法国律，近则直抄德国律。以其中无所主，故外来得而据之。若中国律自为系统，与罗马律之并峙，一旦尽弃所有，强百姓以必行，则窒碍甚多，决不如日本收效之捷。

在围绕《大清新刑律》修订的争论中，宪政编查馆一等咨议官陈宝琛论道："又闻之世界法律各有系统，绝不相袭，英国法系与罗马法系几于无一相似，故世人常以英国为最守旧之人种，不闻以英为非文明国也。……"

上述讨论，均见劳乃宣编《新刑律修正案汇录》（宣统二年，即 1910 年，又载《桐乡劳先生（乃宣）遗稿》）。

以上奏议与讨论中所言罗马法乃国外诸法系之一，与英国等法系并立于世，且与中国法律传统同其久远，等等，相对于此前谓罗马法乃西国诸法根本一语，当可为国人认识罗马法之第二概念。

（二）罗马法专文的出现

前举文献所关罗马法之记述，其内容虽与时代进步而愈见丰富，但究属片言只语，不免东鳞西爪之感。然则第一部中文罗马法教本究为何者？这一问题，在写作本文过程中，常常萦绕于笔者的脑际。值得注意的是，修律大臣沈家本、伍廷芳等曾于修订法律馆组织翻译过颇为可观的外国法资料（据沈氏上奏朝廷的译书篇目统计来看，诸国刑、民、诉讼、监狱、裁判、专利、公司、票据等，均在其列），惟不见有翻译罗马法一书一文之一丝踪迹；模范列强，移植欧陆典章制度，明知罗马法为其本源而未尝洞悉考求，这一点，颇耐人寻味。笔者自忖，表面上看，修律情势蹙迫而未遑深究；根子上，则探求西学之不老实与移植西法急功近利之心切，故也。

经反复查索，除熊月之氏所编"翻译、出版日文西书机构录要（1896—1911）"之中，记有南京启新书局曾出版过一本名曰《罗马法》的专书之外，笔者尚未见有他者。但该书之著录，惟有译自日本一项，著译者与出版之确切年代均不详（见《西学东渐与晚清社会》第 654 页）。再田涛、李祝环《清末翻译外国法学书籍评述》一文所附"清末外国法学引进书目"（载北京大学法学院《中外法学》2000年第12卷第3期），亦录有此书，并标明该书出版于光绪三十年，即1904年。倘若这些著录确凿无误，则该书很可能是第一个中文罗马法文本，而且这个文本当来源于某个日文原著，进而言之，罗马法知识的系统输入中国，乃经由日本途径，而非径直译自西国。

我所见到的关于罗马法最早、最系统的一篇中文文献，系沈其昌在日本主编的《法政学报》丁未年（1907）第四号刊载的《研究罗马法之必要》一文（见附文一）。该文原作者是日本法学博士户水宽人，由安徽人王克强译述，译者当是一个留日的法科学生。

宣统二年秋（1910年9月），美国公理会传教士谢卫楼（Devello Zololos Sheffield，1841—1931）编成《政治源流》（*Government, its Source and Evolution*）一书，这是他在华北协和书院（North China Union College）为讲授政治学自编的一部讲义，由该书院印字馆印行。据谢氏序言，是书在文字润饰和材料的准备方面曾借助两位中国学者的帮助。全书共二十二章，其中，第四章论罗马之政治、第五章论罗马之法律、第六章论中世代徒炭（指今日耳曼族之总名）诸族政治之由，次第论述罗马的政治制度和法律制度之发达与演变。

以上为余所见清季介绍罗马法内容最为系统之文字。不仅其文体纯为文言文体，除人名、地名或国名之外，而且所用概念、术语，类多中国古典概念，如（罗马）"律学"、"臬宪"、"谳员"、"学塾"或"学堂"、"方伯"、"太守"、"折狱"、"词讼"等是。

（三）罗马法在新式学堂讲授地位的确立

光绪末年，废科举、兴学堂，近代法政教育勃然而兴。新式学堂一准西洋教育模式，法律课程体系相应列有罗马法一门。罗马法在中国的传播遂成制度，此乃罗马法系统输入中国之最重要标志。

按"癸卯学制"（1904），罗马法是政法科大学法律学门主课之一"泰西各国法"中的一个分支（与英吉利法、法兰西法、德意志法并立），这表明罗马法在中国大学中予以讲授的地位，成为定制。中国现代法律教育中的罗马法教学之有传统，实肇始于斯。

民国代清而兴。北京政府教育部颁布的《大学令》(1912) 和《大学规程》(1913)，均规定罗马法是法科法律学门 15 门必修科目之一。但 1930 年实施之《司法院监督国立大学法律科规程》，罗马法被排除在其所规定的 14 门必修课之外。此后国民政府教育部又曾多次组织法律专家厘订大学法律课程。1942 年 12 月教部颁布法律系必修、选修课目表，将罗马法定为选修课，由此形成了罗马法作为大学选修课的传统。

新式大学的罗马法教学，可参看国栋教授的专文。此处聊备一格，对其早期情形略加罗列，并补充一二事例。

1895：天津中西学堂/北洋大学

中国第一所近代意义上的大学，也是中国最早开设和讲授罗马法的大学。该校 1895 年创办时，其律例学门即设有"罗马律例"一课。今天津大学百年校庆纪念亭石柱碑刻上的王宠惠毕业成绩单上，即真实记载了王氏该门课程的考试成绩（100 分）。后又分设"罗马法律史"与"罗马法"两门（见 1907 年"北洋大学堂教课表"，载《学部官报》第 21 期，京外学务报告）。1917 年原定罗马法课程又计划扩为大陆法课。但不久北洋大学法科停办。

1898：湖南时务学堂

该学堂由具有维新思想的湖南省署官员与诸绅于 1897 年在长沙共同创办。在中文总教习梁启超制定的学堂功课章程里，列有"罗马志略"一课，以及希腊志略、万国公法、法国律例、佐治刍言、公法会通、公法便览、公法总论等（见梁启超"湖南时务学堂学约[附读书分目课程表]"，载《饮冰室合集》）。

1902：京师大学堂/北京大学

京师大学堂成立于 1898 年，但因戊戌政变及庚子之乱，学堂不过略存体制，仍多未尽事宜。正式开办于 1902 年的仕学馆课程中列有"罗马法"。1914 年罗马法教员阮志道辞职后，请伍朝枢（伍廷芳之子）兼任。（《1914 年 5 月北京大学分科周年概况报告》）据 1917 年北大法本科课程表，罗马法为法律门第一年第一门科目，每周 4 小时。（《北京大学廿周年纪念册》）时执教北大罗马法课的主角，也是我国最早的、最重要的中文罗马法作品的作者之一的黄右昌。兹有必要略加介绍：

黄右昌，字黼馨，笔名凄江子。湖南临澧人，出生于 1885 年 10 月，1899 年就读于湖南时务学堂，1902 年入日本岩仓铁道学校，后转入法政大学，1908 年毕业归国，旋应留学生考试，授法政科举人、内阁中书，任湖南省立及私立法政学校民法教授。民国成立后，任湖南省立第二法政学校校长，兼授民法。1913 年被选为湖南省议会议长。并在法政、清华、朝阳、中国、民国等大学及河北法商学院兼课。1915 年黄右昌就任北大法律系专任教授兼系主任及法律门研究所主任，讲授民法与罗马法。1920 年任北京大学法科研究所主任，主编北大社会科学季刊。1930—1947 年任国民党政府立法院立法委员。1948 年 9—11 月任国民政府司法院大法官。后回湖南任湖南大学法律系教授。1949 年后，继续在湖南大学任教。1953 年 9 月院系调整，经批准留在湖南进修。1954 年 8 月改为退休。1955 年 1 月被聘为中央文史研究馆馆员。1970 年 3 月 16 日病故，终年 85 岁。

黄右昌可谓国人讲授罗马法之鼻祖，对罗马法在中国之传播贡献莫大。他的各种版本的罗马法著作，比较典型地反映了中国学者学习、吸收和消化罗马法知识的过程。

1902：山西大学堂；1930：燕京大学

创办于1902年的山西大学堂至光绪三十三年（1907）时开办四年制法律本科班，其课程设有罗马法、契约法等，由英人毕善功（L. R. O. Bevan）担任罗马法课程教授（见《学部官报》第44期，京外学务报告）。

毕氏乃英国文学硕士、法学士（一说法学博士），1926年9月后，转入成立不久的燕京大学，任法学院法律学系兼职讲师，继续讲授罗马法。据燕京大学法律学系一份五年修业年限的课程计划，罗马法为主修课，在第二学年开设，总学分25—26，周学时2—2。内容讲述罗马法时代法学之大纲及其与现代法学之关系，为使学生认识法学上拉丁名词及习语，并略讲拉丁文纲。（见1930—1931年《私立燕京大学一览》）

1905年以后：京师法律学堂及其他法政学堂

伍沈二人于1905年率先奏请设立的法律学堂，学制三年，科目中列有罗马法一科，并规定于第一年第一、二学期开设，每周2小时。紧随其后（1906）的直隶法政学堂科目中无罗马法。1907年学部奏请设立京师法政学堂，其课章初无罗马法；1910年修订学堂章程时，于法律门课程表中列入了罗马法一科，在第一年开设，每星期2个钟点。

这里应当考虑的是，京师法律学堂课章虽然列有罗马法课，但从现存的汪氏、熊氏所辑的两种整套的"京师法律学堂笔记"来看，均无罗马法一书。故笔者认为，当时的京师法律学堂是否真正开过此课，尚属疑问。再晚清遍及全国的各个法政学堂，其所定课章，或依直隶，或仿北洋，或照搬京师法政学堂章程，皆灿然大备，然其教本若何，何人教授，均成问题。疑清末民初法政学堂之设罗马法课者，恐大多仅限于纸面规定，不过略具形式而已。

1912：朝阳大学

朝阳大学早期讲授罗马法科目者，有黄右昌及朱深。朱深，字博渊，河北人，毕业于日本东京帝国大学，获法学士，曾任北京政府总检察厅检察长。三十年代前后担任该科目讲授的是黄俊。黄系湖南人，字勇伯，曾任河北大学民国学院教授。（见 1930 年出版的《朝阳学院毕业同学录》"朝阳大学职员名录"）

1915：东吴法学院

该学院虽由在沪美国法律家执掌，但因以比较法教学为宗旨（"以英美法与大陆法为比较之研究，俾学生对于世界各大法系之要理，皆有相当之认识"），故罗马法教学，亦不偏废，且专设"法律拉丁文"一课；而参与学院创办的美国驻华法院法官罗炳吉（Charles S. Lobingier），更是美国著名的罗马法和比较法专家。（详见孙晓楼等：《法律教育》，中国政法大学出版社 1997 年版；艾莉森·W. 康纳：《培养中国的近代法律家：东吴大学法学院》，王健译，《比较法研究》1996 年第 2 期）

作为大学讲授的产物，自民国初年起，由国人编著的各种罗马法书籍相继问世。据国家图书馆对北京、上海、重庆三地所藏存之罗马法图书版本之统计（见北京图书馆编：《民国时期总书目（1911—1949）·法律》，书目文献出版社 1990 年初版），今可考者，至少有以下十数种：

1. 黄右昌编著《罗马法》，1915 年 2 月北京大学出版部初版，1918 年 10 月再版，414 页，32 开；该书系依据德国耶林《罗马法精神论》、英国亨特耳《罗马法注释》、日本户水宽人《罗马法讲义》等书编译而成。分绪言（范论罗马法研究之必要、罗马法之史及其研究历史）和本论（总论、人法、物法、诉讼四编）两部分；后附罗马诸帝御宇年表，书前有蔡元培序文。此书很可能是国人编撰罗马法之最初尝试。北京国家图书馆（以下简称"国图"）和上海图书馆（以下简称"上图"）等图书馆有藏。

2. 黄右昌著《罗马法与现代》，此书乃作者对其 1915 年初版和 1918 年再版之《罗马法》一书订正增补而成，实为前书之改订本；该书本论将原本 4 编改为 3 编，并作体例变更，旨在从罗马法以观现代；后附罗马七王及东西诸帝年表、拉丁文纲。1930 年 6 月北平京华印书局印行。该书第三版始由上海锦章图书局代售。北图和上图等地有藏。

3. 朝阳大学编《罗马法》，是为著名的"朝阳大学法律科讲义"之一种，北京朝阳大学 1920 年出版，156 页，16 开。该书除弁言概述罗马法史及其沿革外，分总论、人之法、财产法、诉讼法 4 编。上图等地有藏。

4. 《罗马法》，亦"朝阳大学法律科讲义"之一种，该书由应时讲述、林鸿勋注疏，北京朝阳大学 1927 年 10 月出版，462 页，23 开。分总论（概述罗马法定义、渊源、研究方法及对各国法律的影响）和本论（依次为人法、物权法、债权法、亲属法、继承法和诉讼法）6 编。北图等地有藏。

5. 陈允、应时著《罗马法》，该书版本有三：其一，上海商务印书馆 1931 年 3 月初版，501 页，24 开；其二，上海商务印书馆 1933 年 9 月国难后第 1 版，384 页，24 开，精装本，大学丛书；其三，长沙商务印书馆 1939 年 3 月国难后第 1 版，384 页，25 开。该书是对罗马法的综合研究。分总论（论述罗马法的定义、研究方法、分期、渊源以及对各国法律之影响等）和本论（分人法、物权法、债权法、亲属法、继承法、诉讼法 6 编）。北图、上图等地有藏。

6. 黄俊编译《罗马法》，该书版本有二：其一，北平震东印书馆 1931 年 9 月版，322 页，21 开，有表及图解；其二，1935 年 9 月上海世界书局版，211 页，25 开，有表。该书共 3 编，第一编总论，概述罗马法历史和中古以后对罗马法的研究及罗马法的编制；第二编人之法，包括人、自由、居籍、家庭、人格丧减、名誉丧失 6 章；第三编物之法，分物权、继承、债务关系三部分，无罗马法中诉讼法一部分。北图、上图等地有藏。

7. 丘汉平著《罗马法》上下二册，上海法学编译社出版，有 1933 年 4 月版和 1935 年 9 月版两种，888 页，25 开，精装，为上海法学编译社主编之"法学丛书"之一种。除绪论概述研究罗马法之理由、意义、分期、渊源和演进等外，分人法、物法、诉讼法三编，共 45 章。北图、上图等地有藏。

8. 王去非著《罗马法要义》，1934 年 9 月上海法学书局出版，122 页，24 开；重点介绍《十二铜表法》，除绪论概述罗马法研究之必要性、罗马法律史等外，分总论、人事法、物之法、诉讼法四卷，书后附有《十二铜表法》原文。北图、上图等地有藏。

9. 金兰荪编著《罗马法》上册，1936 年著者于上海自刊，214 页，32 开；分绪言（概述罗马法的定义、背景及研究罗马法的方法和利益）、前论（概述罗马法的分期、沿革、存续等）和本论（仅有人法，包括自然人、分类、亲属 3 章）三部分。该书介绍罗马法分期有二期说、三期说、四期说、五期说，著者主张五期说，即贵族法时期、市民法时期、万民法时期、自然法时期、法律编纂时期。北图、上图等地有藏。

10. 陈朝璧著《罗马法原理》上下二册，有上海商务印书馆 1937 年 7 月初版和 1944 年 5 月赣初版两种，689 页，24 开，大学丛书教本，分绪论（概论罗马法的定义、特点、渊源、分类、解释及罗马法对于法学的贡献）和本论（包括总则、债权、物权、亲属、继承、诉讼法 6 编），书后附罗马法参考书目。北图、上图等地有藏。

11. 陈允编《罗马法》，杭州私立浙江法政专门学校讲义，460页，24 开，为当时教育部认可之该校讲义，除总论概述罗马法渊源、对各国法律的影响、中世纪以后罗马法研究的沿革及法律和权利外，分人法、物法和诉讼法 3 编。上图等地有藏。

12. 瞿曹泽讲述《罗马法讲义》，系上海法政学院讲义，102页，16 开，无出版年代。上图等地有藏。

此外，尚有各类法学期刊发表的有关罗马法论（译）文。据上海东吴法学院图书馆喻友信所编《法学论文索引》（司法行政部印行），全国 97 种期刊迄 1935 年发表罗马法专文计有：

1. 1923 年 12 月：蔡孝宽（译），《罗马法发达中之五人时期》，《法律评论》，第 27—28 期。

2. 1924 年 6 月：杨宗颜，《罗马法沿革》，《法律评论》，第 45—46 期。

3. 1925 年 7 月：丘汉平，《罗马法役权之研究》，《法学季刊》，第 2 卷第 5 期。

4. 1925 年 10 月：傅文楷，《罗马法永佃权之研究》，《法学季刊》，第 2 卷第 6 期。

5. 1926 年 7 月：子模等，《罗马十二表法之研究》，《法学季刊》，第 3 卷第 1 期。

6. 1927 年 4 月：陈化明，《关于罗马法二分说与三分说问题》，《法律评论》，第 196 期。

7. 1930 年 10 月：施汉康，《罗马契约法上之约因》，《法学季刊》，第 4 卷第 6 期。

8. 1931 年 1 月：丘汉平，《罗马法之渊源》，《法学季刊》，第 4

卷第 7—8 期。

9. 1932 年 2—3 月：邵家鹔，《罗马法义务之观念渊源及其发达》，《现代法学》，第 1 卷第 11—12 期。

10. 1933 年 4 月：张蔚然（译），《近世法与罗马法及日耳曼法》，《法治周报》，第 1 卷第 16 期。

11. 1933 年 6 月：金摩云（译），《希腊哲学于罗马法之影响》，《法学杂志》，第 6 卷第 5 期。

12. 1933 年 7 月：徐建猷，《罗马时代的法学教育》，《法律评论》，第 10 卷第 39 期。

13. 1934 年：王文模，《罗马之法律教育》，《法学杂志》，第 7 卷第 2 期。

而其后十余年间，想必还会有相当数量罗马法之篇章，待考。

［本文原载徐国栋主编《罗马法与现代民法》第 3 卷，中国法制出版社 2002 年 10 月版。收录本书时，著者依新见材料对原文做了必要修正，并删去原文所附有户水宽人著、王克强译述《罗马法研究之必要》，《法政学报》丁未年（1907）第四号和谢卫楼 1910 年著《政治源流》第五、六章"论罗马之法律"，以省篇幅之累］

德国法在中国传播的一段逸史

——从青岛特别高等专门学堂说到赫善心和晚清修律

原按：不为商海淘金所动，却愿史海钩沉，是乃传统中国文人士子之常道。然今日为之，实属难能可贵。近代中国社会变革，与德国多有相关。其中德国法制对中国法制的影响，尤为学界之人每每称道。然德国法究竟如何在中国展开影响，其途径与方式究竟有哪些，细细考察，可知这方面的研究并不多，王健教授对于"青岛特别高等专门学堂"的用心与考证，当为可以成史之作。至少，我们又可从中了解到一段鲜为人知的史实。

——《比较法研究》主编米健

一

从文献记载上看，九十多年以前，清政府与德国政府在青岛合作创办过一所大学，这就是青岛自建置和开埠百多年来兴办的第一所大学——青岛特别高等专门学堂。它和著名的上海同济大学一样，同是"发端于德人"（蔡元培语）的近代大学。然而，物换星移，岁月流逝，如今人们已很少知晓在这个宁静美丽的海滨城市曾有过如此的一所大学，作为德国法传播中国的见证者和承载者，它富于值得今人思考和遐想的空间。

起初，我对这所学堂并没有太多在意，因为晚清移植西式教育于中土，教会学校、各类新旧书院及洋学堂在各地勃然兴起，逐潮流而动，在青岛这样一个得风气之先的口岸城市开办一所新式学堂，并无可异之处。可当后来翻阅《清朝续文献通考》时，发现里面竟录有一篇德国人写的批评中国新律的论文，这篇论文深埋于备载清代典章文献的繁密文字间，既不易发现，也不大引人注目，但却十分特别，它的作者赫善心恰恰就来自这所学堂。零零星星的记述汇聚在一起，便很快有了一个粗略的印象：这所具有德国色彩的学堂里一定设有法科。另外，从他的论文能被收录在文献通考当中这一点来看，其人及其文字的分量和意义也非同寻常；因为在中国较权威的典籍里径收外人文字的情况极其罕见，这一点，就连与总署诸大臣混得烂熟的同文馆总教习、大名鼎鼎的丁韪良也望尘莫及。

赫善心究系何人？他是怎么与所谓"礼教派"人物联系起来的？在晚清著名的礼法之争中，他又充当了怎样的角色？当时他是如何评价中国的法典编纂？清末废科举后各省纷纷设立"高等学堂"，可为什么唯独这所学堂的名称上要冠以"特别"和"专门"的字样，它有什么"特别"之处？赫氏在学堂从事德国法教学活动的具体情况如何？他讲授的内容是什么、方法及效果怎样？这所在近代法律教育史上原汁原味地传播德国法仅有的一所学堂后来到哪儿去了？它留下了什么遗产没有？这一连串的好奇飘浮在我的脑际，思绪荡漾在德国法、来华德国法学家、在中国传授德国法这类概念之间，希冀从中觅得一幅清晰的画像。

对于信而好古者，总嫌历史留给今人的文献资料太少。我想，若能去青岛寻访这学堂的下落，同时利用当地的档案馆或地方志，或许有可能找到一些线索，至少能见到学堂的模样也行。但转念又想，近百年来时势变迁，它没准儿早在某个时候就已消失了；要么毁于兵燹，要么就是在晚近的"文革"或城建开发中作了除旧布新的牺牲品。

二

2000 年暑假的一天，一睹学堂的梦想终于实现了。我要找的地方其实就在青岛前海（德据时期的威廉皇帝岸）的西端，离火车站不远，位于贵州路与朝成路丁字路口的西侧，背靠青岛铁路医院和十二中学。学堂现被用作青岛铁路分局机关的办公大楼。我向门卫出示了我的工作证并说明来意，门卫便让我进去了。不过那几个门卫并不知道这里有什么学堂。

进大门的不远处，就是那座宽大而并不很高的（学堂）大楼。它的造型简洁而对称，方方正正，完全不像掩映在前海绿树丛中的总督府、总督官邸或花石楼等欧式建筑那样富于美感。如果不是仔细地端详，它的普通，简直令你无法和我们常见的火柴盒式建筑分辨开来，可这正是为建筑史家所称道的青年艺术派风格的典型之作。

学堂地上二层，地下一层。主楼呈东西走向，南面大海，仅百余米。这里原本是视线和景色都极佳的位置，可如今正对着的是几幢拔地而起、直入云天的"火箭炮"，已完全遮住了视线中的海景，唯有高楼，不见大海。

主楼的东端与另一座两层楼相连，这楼的北端又接着一幢与主楼平行的二层楼，整个学堂的建筑构成了一个 U 字形、环绕着中间的一个大花园，有几株高大的槐树、梧桐、银杏和松柏错落其间，葱翠茂盛，清静幽雅。

主楼的正中是顶部呈圆拱形的双推大门。大门两旁各有一尊铜狮，伏在约半人高的雕饰着精美花纹的汉白玉基座上。右边狮子的旁边竖着一块铭牌，是市旅游局和文物局于两个月前才立的。我摸出准备好的笔和卡片，躬身尽量遮挡呼啸的海风中不时吹打过来的雨星，潦草地抄录下铭牌上面镌刻的一段说明文字：

> 德华高等学堂旧址　建于 1907—1912 年，德国三段式
> 近代建筑，建筑面积 1758 平方米。为中德合办专收中国学
> 生的高等学校，德国人任校长，中国官员任学监。学校设
> 医学、政法、农林、机械 4 个系，是青岛最早的高等学校。

走进高大宽敞的厅廊，看着那经过修缮和油漆一新的门窗和洁白的墙壁，我的眼前不时闪动着挟着一摞厚厚法学著作的德国教授下课走出教室的情景。……转出门外，望着那大门上方象征着火车头和铁轨的图案组成的路徽，心中不胜慨叹：往日的学堂早已化为历史的陈迹，德国法在这里的弦诵之声也随风而去。

人对自己感兴趣的东西总是"得寸进尺"的。当心满意足地饱尝了学堂旧址的眼福后，我又想：青岛档案馆里应该还藏有这所学堂的文档才对，没准那儿会有新的意外发现。于是我又直奔市档案馆。到了那里以后，工作人员按我的要求在电脑上反复检索，费了好大功夫，结果令我大为吃惊——全部的馆藏文档关于学堂的编目和内容竟一片空白！资料查到了这份儿上，也只能作罢。据档案馆人员的介绍，馆里现在只保存有两件学堂的宝物：1912 年美国造的老式手摇计算器和德国产的蔡斯牌 120 照相机。令我困惑不解的是，近代史上，与中国的其他某些地方相比，青岛并不算是战火频仍之地，文献资料本不应该如此地丧失殆尽，可为什么有关学堂的资料一丁点儿都没有？既然学堂的兴办确有其实，总该留下些规章、课业、讲义之类的档案，可这些东西都到哪儿去了呢？

我猛然想起"一战"爆发后日本取代德国占领青岛的历史。学堂档案的失缺，很可能与日本窃取和掠夺占领地区的各种文化资源有关。联想到我在首都图书馆查阅朝阳大学资料时，除了较为晚近印制的若干学生毕业纪念册或大学出版部出版的讲义外，有关朝阳大学早期的文献资料亦荡然无存、一无所获的情形，这就更加深了我的这个印象和猜测。事实上，在那个不争气的年月，日本确有一些学者追随日军开道的刺刀，乘机把中国很多珍贵的文化遗存和图籍运到了日本。在著名的《中国人留学日本史》一书的序言里面，作者实藤惠秀不就首先坦率地承认了自己的部分研究正是建立在这种背景之上的事实吗?! 还有，北京大学李贵连教授曾告诉我，他访学日本时，曾见到过宣统二年（1910）首次法官考试云南考场上考生的答卷……这怎能不叫国人常叹只有在海外才享有利用中国文献的便利和充分?!

通过那里的工作人员，我还了解到，目前档案馆正在尽力发掘和收集这方面的文物史料。据说，现在在青岛仍能找到存有学堂毕业证的老人，只是毕业证的要价超出了他们现有的收购能力。

三

作为文化传播的载体，学堂设立的法科无疑是向中国输入德国法最为便捷的一条途径，由此也在中德法律文化交流史上留下了一段弥足珍贵的记忆。

那么这所学堂是如何由来的呢?

1905 年清廷废止科举以后，假西学和新式人才以求振作的局面已经彻底明朗。德国方面鉴于当时"中国士子讲求西学不遗余力"，顺势推出了建立远东"德国文化中心"的新殖民政策，意在通过宣传德国文化科学上的巨大成就，为将来在华形成自己的人际网络、对抗英美势力奠定基础。德国驻北京公使雷克斯（Rex）于同年提出在青岛创办大学的计划后，立即得到了德国海军部、政论家和知识界的积极评价。1907年12月1日，德国海军部国务秘书梯尔庇茨（Tirpitz）正式向中国出使德国大臣孙宝琦通报了德政府的这一计划。这个时间，可能正是前面提到的那块铭牌上确定学堂建于1907年的依据。

清廷学部接到并研究了孙宝琦转来的文件后认为：德国希望与清政府合作办学，使有志留学但财力不逮者可在本国内学习各种新学知识，"用意甚善"，于是准出使德国大臣通知德方，选派能通汉语的专员来北京具体商谈办学事宜。

1908年5月，德方聘请奥托·福兰阁（Otto Franke，1863—1946）到帝国海军部与清政府谈判。福兰阁是德国卓越的汉学家，早年曾在哥廷根大学学习梵文，以后又到柏林大学攻读汉语和法律。1888年至1901年作为外交译员被派往中国，先后在北京、天津、上海等地的德国公使馆任职长达13年之久。中方代表是当时"第一通晓学务之人"的张之洞（语出张百熙、荣庆奏折），谈判具体事宜，则由清学部员外郎蒋楷（则先）担当。

按学部惯例，凡外人在中国设立学堂，本一概不予批准，理由是洋学堂的宗旨、课程与中国"迥然不同"。不过学部又感到，此次德国的办学计划，"系其政府之意，与私立者不同，而且筹定巨资、遴派专员商定章程，亦非私立学堂家自为学者可比"，所以，只要对方提出的办学"宗旨不悖，课程皆符，能由中国派员驻堂稽察，自应准其立案……以酬答与国之情"。

朝廷的这一态度显然有利于学堂的筹办。不过，在谈判中，有两个相关问题成为双方争议的焦点：一个是学校的性质或程度，这略似今人讨论学校定格于"大专"抑或"本科"的话题；另一个则是如何认定学生的毕业资格。德方意在学校的程度与西国的大学相等；毕业生应"奖以进士出身"。清学部则坚持这些条件"均与臣部章程权限有碍"，"实为外人在中国设立学堂所无"。由于"大学名称未便轻予假借"，按当时的一种观念，京师乃首善之区，"通国之精神脉络而统筹之"，因此只有京师才能设立大学（1902 年《钦定京师大学堂章程》）；各地省城只设作为大学预备科的三年制"高等学堂"一所，其毕业生入大学堂继续学习，所以地方设立的高等学堂根本不可能授予"进士"学位。况且"政法一科，惟大学堂有之，高等学堂预备入大学政法科者习之"。尽管这条规定旨在与"私学堂禁专习政治法律"的规定相呼应，但足见高等学堂原是不打算设立法科的。高等学堂仅设一门"法学通论"课以为将来入大学堂学习法政科的预备。法政科为大学堂分科之一，学制与医科医学门同为四年，其他分科则均为三年（1904 年《奏定学堂章程·学务纲要》）。

然而实际上，处于"礼崩乐坏"、西潮淹有中土的末代王朝，京外高校不得名之为"大学"和禁止举办私立法政教育的清规戒律很快就被打破了——终清之世，除了京师设立的大学堂外，尚有1902 年改名的天津"北洋大学堂"和于同年开办的"山西大学堂"；学部颁布的《学务纲要》中禁止私学法政一条，也于1910 年被全行删去，"一律准予呈请设立法政学堂"（《学部附奏推广法政学堂片》1910 年11 月10 日）。只是青岛办学，究系含有涉外因素，故坚守体制，终未给予"大学堂"的名分。

经过反复艰难地磋商，双方最后妥协达成了《青岛特别高等专门学堂章程》（1909）十八条。学堂名称定为青岛"特别高等专门学堂"，这既符合大清的学制，同时又在学堂名称上分别杂以"特别"和"专门"字样，以示有别于各地众多的"高等学堂"，学堂的德文名称 Deutsch-Chinesische Hochschule 亦与此相当（舒国滢指出该名称可译作"德华高等学校"，译"德华大学"不确）。关于毕业生的待遇，规定"俟考升中国大学堂肄习毕业后，再行给予奖励，不愿升学者，得由中国官府酌量任使"。学部表示，如此办学，清政府将"极愿赞成"，并立即核准立案。1909 年 8 月 14 日，学部在奏请朝廷同意办学的具体意见中表示"是所望虽不无稍奢"，但"宗旨尚无差异"。

显然，德方提出的关键要求其实均未得到满足。协议签订后，时任胶澳总督 Truppel 言辞激烈地指责德方作出了过分的让步，而福兰阁却为学堂总算是能够成功开办而感到欣慰。张之洞更对学堂寄予厚望：倘若学堂办得成功，"则整个中国教育制度，将按照所采用的德国方案，加以修改"（王守中：《德国侵略山东史》，人民出版社 1988 年版，第 173 页）。

1909 年 9 月 12 日，学堂正式开学。德国海军部官员、地质学家 Georg Keiper 任首任校长。按照章程，学堂分设初级普通学和高等专门学两堂：前者主要学习德文、各国历史、各国地志、算学（包括算术、代数、几何）、逻辑、生物学（包括植物学和动物学）、格致（物理学）、化学，以及中国的经学、文学、人伦道德、历史舆地等功课，六年毕业；后者分法政科、医科、工科和农林四科。学堂还设有图书馆、实验室、礼堂、博物馆和一个农业实验基地，另外还打算尽快设立一所翻译德文教材的译书局。

学堂运转起来后很快就显现出它不凡的学术水准，教授的阵容包括了复合函数研究权威、德国《数学杂志》创办人之一的康拉德·克诺普（Konrad Knopp，1882—1957），著名物理学家马克斯·普朗克（Max Planck）的得意弟子量子物理学家卡尔·艾利希·胡普卡（Karl Erich Hupka），地球物理学环境条件对经济作物影响的资深专家、植物学家威廉·瓦格纳（Wilhelm Wagner）等人，由于这些出色的教授和专家学者的加入，青岛这所学校的教学质量和学术水准，宛如德国本土的一所大学。

法政科是学堂颇称特色的一个专门学科。依据学堂章程，法政科三年毕业（医科需四年），课程设有"国际公法、各国政治学、行政法、度支律、路政律、国民经济学、理财学"等。法政科学长（今天的法律系主任）是胶澳帝国高等法院的前任法官 Kurt Romberg，他倡导拟订了若干计划，致力于将德国的法学与法律制度在中国进行传播普及，其中最为人称道的是于 1911 年起分别用中德两种文字出版发行的《中德法报》。接着，他又主持编纂了《中德法政集要丛编》和中德双语对照本的《中德法律汇览》，后者可说是当时中德法律比较研究的最新成果。法政科的教授们坚信，基于道德基础的德国国家生活和德国宪法要比共和体制所体现的代表——英美的标榜更适合于中国的现状。这种致力于将中德文化精神拉近的研究，是那个时代德国学者相当流行的见解。

值得留意的是，这些记载着中德法律比较研究的第一批珍贵资料，是过去我们所知中文文献里几乎不曾提到过的。我想它们现在很可能仍静静地躺在世界上的某个图书馆角落，相信它们一定会在将来某个时候得到有心人幸运的光顾，从而使今人得有机会去重温昔日学者探索两个世界法律精神的心迹。

1912 年学堂已有 26 位德国教授和 6 位中国教师在校授课，学生由最初的 54 人增加到 1914 年的 400 多人。然而，1914 年日德战争爆发后因德国的战败，学堂被迫关闭了刚刚开启不久的大门，德国法在中国传播的极有利的条件也因此而被打断。

尽管时间极其短暂，德国教师以其素来闻名的严谨态度，将德国学术研究方式与现代科学分类体系引入了东方这一文化悠久的国度，使国人第一次领略了传统德国大学对知识的神圣崇敬和弥漫着超功利、超宗教的纯学术氛围。

<h1 style="text-align:center">四</h1>

青岛学堂的法政科学长 Kurt Romberg，是否就是中文文献里提到的赫善心，或学堂的另一位法科教授，至今尚无从考证。不过，凭着个人的直觉，我总感觉他们当是一人。[1]

清末文献上称赫善心为"德国法科进士"。按当时"国货"与"洋货"的折算办法，进士对应博士，硕士与举人相当，学士则为秀才；国人凡游学东西洋得有博士、硕士及学士学位者，经清廷组织的授官考试，通常被分别赏以某科进士、举人、秀才的职称，如严复为译科进士，詹天佑为工科进士，程树德为法政科进士，毕业于德国的薛锡成和马德润均被授予法科举人，等等。所以，"法科进士"也就是今天我们所讲的法学博士。

赫善心所撰《中国新刑律论》一文，原由张祖廉于宣统二年（1910）以单行本印行。随后它又被劳乃宣编入他的《新刑律修正案汇录》一书。在张祖廉为单行本所写的序文中，清晰地记述了赫氏撰写此文的缘由和背景：

> 顷岁以来，救时之士争言法律必当变革，以蕲至于寰海大同，时论题之，翕然而莫之异也。顾自刑律草案初次脱稿，各省签注纠驳者什常得四五焉，于是朝廷有详慎修改之命。去年（即清宣统元年1909年）十二月修正草案既告成。诏令宪政编查馆查核复奏，于是劳玉初学使复有异同争论之条，陈伯潜阁学从而持平议于其后。蒋则先员外亦夙精刑名家言者也，以学使暨阁学之言，质之于德国法科进士赫善心氏，赫又著论以折衷其说，谊甚备矣。今

宪政编查馆复奏请交资政院议决，以为施行之准则，窃愿
方闻懿识之君子，毋狃于成见，毋眩于殊俗，毋扰于一切
涂附之议论，取赫氏是篇参稽而翔复之，庶乎涣然冰释已，
则先自青岛携译稿来京师，亟示玉初学使先已付印二百本，
余既从则先许，获睹此论，遂取原稿录副以授手民，学使
不以余为好事，乃益出金共藏斯役，俾广流布云。

这段文字包含了很多信息，其中至少告诉我们，作为来华任教
于青岛学堂的赫善心，完全是因为宣统年间围绕大清新刑律修订引
发的争议，而被礼教派人物推到中国近代法律史的前台上来的。

清末的法律改革发轫于1902年朝廷发布的那道简短而著名的修
律上谕，谕旨要求沈家本、伍廷芳参酌各国法律，拟议一切现行律
例。所谓"一切现行律例"，首当其冲的便是那支撑王朝250多年
统治秩序并积淀着数千年传统法律精神的《大清律例》。光绪三十
三年（1907）八月，在所聘日本法律顾问冈田朝太郎等的协助下，
修律馆起草的新刑律草案脱稿，奏上后遂由宪政馆下发京外讨论。
修律大臣与法部于三十四年（1908）五月奉旨按照反馈意见修改删
并，并于宣统元年（1909）十二月完成修正草案后再次奏进，然后
再奉旨交宪政编查馆下发各省都抚签注审议。时充任宪政编查馆议
员的劳乃宣（1843—1920，因后授江宁提学使而又有劳提学之称）
认真阅读了这一草案稿后，对其中"主张国民主义之中寓有维护家
族主义之意，尚非专主破坏者"尚感满意，但认为草案中关于"父
子之伦、长幼之序、男女之别颇有所妨，未能允当于人心"，于是
具说帖修正，结果是"见采一二，未克全从"。宣统二年（1910）
十月宪政编查馆核订告竣，奏交资政院归入议案议决。劳乃宣带头
对草案发起猛烈抨击，清末修律中一直存在的为法派与礼派所代表的
两条立法路线的激烈冲突遂进入高潮。据晚清修律亲历者董康的描

述，当时议场上的辩论，"几于舌敝唇焦"，最终"议场哄散，秩序大乱!"（《中国历届修订法律之大略》）

张之洞还在世时，新刑律草案就因"奸通无夫妇女治罪"条文，以"蔑弃礼教"为由而遭到张的严厉驳斥。张去世后，劳乃宣继而担当维护礼教的中坚。他以"干名犯义""犯罪存留养亲""亲属相奸""亲属相盗""亲属相殴""故杀子孙""杀有服卑幼""妻殴夫""夫殴妻""无夫奸""子孙违反教令"等款，皆大清律之特别规定，认为新律草案却将其一笔抹杀，大失明刑弼教之意，于是"著为论说，遍示京外"，而"朝野多韪其言"。

同属劳党阵营的学部员外郎、"夙精刑名家言"的蒋楷也紧急行动，通过他与青岛学堂交往的关系，向赫善心紧急求援支持，当面向赫氏征询他对当时制定新律中出现的重大原则问题的意见。于是就有了堪称中国学者与德国法学家就中国法律改革的方向、原则、技术以及与欧美国家比较等重大问题的首次对话：

> 蒋问：泰西同等国有彼此两国因法律不同而争论者否？
>
> 赫曰：数百年前有之，近来各国法律相差只一二等，从无不承认者。
>
> 蒋问：此国所视为甚重者，彼国不以为然则如何？
>
> 赫曰：法律以民情为根柢，西教同出于耶稣，西律同出于罗马，故无悬绝之事。
>
> 蒋问：前所送交之新刑律草案与现行律案语及核订各书曾一译究否？
>
> 赫曰：大清律有英、法各译本，现行律是就原本改订，所订各条甚当。新刑律草案是日本律，非大清律也。请问今之修正刑律，以大清律为本乎、抑以新刑律草案为本乎？
>
> 蒋答：以新刑律草案为本。

赫曰：将来收效必难。

蒋问：日本何以收效？

赫曰：日本无法律，向用中国律，继抄法国律，近则抄德国律。以其中无所主，故外来得而据之。若中国律自为系统，与罗马律之系统并峙，一旦尽弃所有，强百姓以必行，则窒碍甚多，决不如日本收效之捷。

蒋问：大清律有好处否？

赫曰：千八百十年时，（距今百年），有法学大家谓人曰："汝等笑大清律，不知中有极精处，将来泰西尚有当改而从之者"云云。中国此时宜就大清律改订，与泰西不甚相违。泰西近年改律，亦有与中律相近者，将来必有合龙之日，若全改，甚非所宜。

蒋问：通奸无夫妇女，泰西不以为罪，何也？

赫曰：在泰西不得不然，因婚嫁太晚，又系婚嫁自由，故不得以之为罪。中国由父母主政，过二十岁者甚少，其有违悖礼法，自不能与泰西同论。

蒋问：以此订律能不为泰西所诟病否？

赫曰：订律自无不可，但删去"有夫"字样，笼统订罪，则不宜。盖奸有夫之妇（其妇与其夫皆不得为人），得罪两方面，奸无夫之女，则只得罪一方面（其女是自愿也），似应较轻一等。若行强，则自有本律。

蒋问：子孙未能自主时有违犯教令者，何以处之？

赫曰：小过由家庭管教，大过由其祖、其父送裁判所，由裁判所送感化院（感化院须由裁判送入，不能自送也）。

蒋问：近人谓西律源于社会，中律源于礼教，然否？

赫曰：悖于礼教，未有不碍于社会者；碍于社会，未

有不悖于礼教者。总之，齐之以刑，不如齐之以礼。孔子
之言，可行于万国也。

蒋楷请求赫善心将这次讨论的各项问题尽快写下来，并将西国
法学大家的学说充实进去，加以论证。赫氏十分爽快地答应了蒋楷
的要求，不久便写成了《中国新刑律论》一文。蒋楷携译稿匆匆北
上，给劳乃宣等传阅。劳派对赫氏的意见和这篇论著相当满意，如
获至宝，高度评价赫氏"谊甚备矣"。于是由劳乃宣出资赞助刊印
200 册，广为散发。

从礼教派留下来的这些中译文字当中，赫善心对于中国法及其
修订的基本态度或观点，约有以下数端：

首先，《大清律例》有其值得尊重的价值，"向为法学名家推为
地球上法律之巨擘"；其中有许多规则，"他国亟应仿效"，它的精
神，甚至可以在最近的瑞士（1908）、澳大利亚（1909）、德意志
（1909）诸国刑律草案中找到影子。因此，今日中国修订法律，应
以本国固有之法律为根本，须从自己国民之道德上小心构造，在此
基础上，参考他国之律；"以本国为主，必于本国有益，而后舍己
以从人；以本国国民之道德为主，必与本国国民之道德不悖，而后
可趋时而应变"。如果不以《大清律例》为本，"则真可为不知自爱
者也"，"自置其本国古先哲之良法美意于弗顾，而专求之于外国，
窃为惜之"。他甚至非常自信地预言：假如中国真要废弛《大清律
例》，"不久必有势不得不再行启用之一日"。

其次，至于收回领事裁判权问题，本属国际公法方面之事；
修订律例，只不过是为其事之预备而已，而且关键在于诉讼法
范围之内，况且，中西道德悬殊之处尚不甚大，故"万不可引
以为权衡"，即不能因治外法权问题而放弃本国传统法律的根本
地位。

最后，赫善心指出，中国修订法律，"惟熟悉自己国民之道德及其旧律之中国人，方能胜其任"。这话，当是针对法理派以及站在其背后的几位日本法律顾问而说的。

以上归结起来就是一句话——"中国万不可自弃其文明之礼教以迁就外人也"。在这一点上，赫善心与礼教派的立场显然完全一致。他对劳乃宣的"说帖"和陈宝琛的"平议"里面所主张的观点深表赞同，谓其所论"俱极精当"。不过，对赫氏这有限的文字细加考量，我们也不难发现，赫氏与礼教派立场的一致其实也是有限度的——他并非简单一味地维护《大清律例》的价值；他认为中国宜就大清律予以改订，以便中国有一部极新的、"与泰西不甚相违"的法律；只不过是"若全改，甚非所宜"罢了。

具体到法律条文的修改，他认为应有专门细致的研究，不可一概而论。针对劳党提出的"和奸无夫妇女""子孙违犯教令"等义关伦常诸条应否定罪的争议，赫氏提出了决此问题的四项原则：（1）欲以此端保护某项利益，确有此项利益之知识；（2）此项利益可贵之处，为中国人承认；（3）在中国保护此项利益，刑罚果能致用；（4）律文一一明晰、妥当。只有四者皆备，则此论不得不取矣。

比如，关于"子孙违犯教令"，赫氏大体同意陈阁学所论，可问题是在祖父母的教令与父母的教令迥相抵触的情况下，到底应顺从祖父母还是父母的教令？因而感到这里面存在着叠施教令之权，"易生紊乱"的弊病。赫氏明确表示，此点"中国亟须改良，须明定条律，谓：凡祖父母、父母之对于子孙，不得专用此权以图利己"；不但须合法律、道德，"尤须声明凡人之对于他人有权者，亦须对于其人承认其公允之责成，万不得尽享其利益"。因为，国家将来之期望不在父母，而在子孙，子孙既属可贵，国家岂可忘其保护之策而竟委之父母而不顾乎？举国中之父母，贤者半，不贤者亦半也。由此，古训"天下无不是的父母"，在赫氏那里大打折扣。

又如保护妇女贞洁问题，赫氏认为要在专为保护良家妇女。如节操已败坏者，自不能用刑罚以保护之，是以妓女之流，当不在此例。故在律中须详细声明：此项条规专指处女及贞妇人而言，方为妥善。

赫善心的大作被劳氏等人在京内外大加传扬，法理派人物自不难获阅。因此，法派极有可能研究过礼派援以为攻伐利器的这些论作。江庸后来曾评价："赫氏之论至为幼稚，亦似非由衷之言。"（《五十年来中国之法制》）这隐约让我们感到，当时法派似乎也注意到了赫氏观点与礼派之间的某些相异之处。

既然赫氏的观点并非全如礼教派的主张，那么礼教派搬出赫善心的意义究竟何在？换句话讲，赫善心在围绕修律爆发的礼法冲突中起过怎样的作用？

我推测，劳乃宣与蒋楷之所以将赫氏隆重推出，恐有深意。从当时"礼教"与"法治"两派对阵的形势看，以主持修律的沈家本为代表的法派一方，除了宪政编查馆、法律馆诸人，更重要的是还有冈田朝太郎、松冈义正等日本法律顾问，他们皆"助沈氏辞而辟之"（江庸语）。而按当时一些人们的心态，外人的评说已被奉为权衡取舍的最高标准，所谓"外国人都这么说了"，其正确性与合理性是不容置疑的。

法派既得有东洋人的支持，礼派也不甘示弱：你有东洋人的权威，我则有西洋人助阵，更何况东洋顾问传授给中国人的那套法律，还是从德国进口来的呢！作为来自东洋新法祖宗国的这位德国法学家，自然要比日本顾问的权威性更高，他对中国传统价值又如此的推重，这真是太符合礼教派"存古""保种"的目的和抗衡法派的实际需要了！

礼法两派的背后都有撑腰的洋人，他们各为彼此论战的砝码。但两者的作用和角色迥然有别：沈氏背后的日人，是清廷聘请的法律顾问，他们负有帮同修律的使命，因此居于影响甚至左右新律走向的优势地位。事实上，新刑律草案正出于此辈之手。而站在劳氏一边的赫善心，则仅一普通学者的身份，他对新律草案至多是发表些个人意见、著论评说而已，并不具有日人那样的有利条件。也许我们还可以设想，当时的礼教派或许曾经感叹：朝廷聘请的洋顾问若是赫善心这样的人该多好！那样的话，新刑律的编纂，定能符合自己的立法理想。

尽管当时的法典编纂德国法学家缺席，就劳派而言，赫氏仅仅"中国万不可自弃其文明之礼教以迁就外人"一语，就大足值得礼教派为之载欣载奔了。江庸说："而守旧者，则谓语出西人，大足张其旗鼓，新律几有根本推翻之势。沈氏愤慨异常，独当其冲，著论痛驳。"又谓："然新旧势力究不能敌，编查馆卒徇廷杰之议，附加暂行章程五条，沈氏亦终不安于位，宣统二年修律大臣以刘若曾代之。"可见，礼教派之能取得如此的战果，作为校正未来新刑律走向的一个因素，赫善心的著论参战，功不可没。

五

不管是否真如江庸所说的"幼稚"，赫善心的评论在一定意义上代表了德国关于中国传统法的价值及其现代化改造等问题的基本倾向，透过赫氏《中国新刑律论》等反映晚清"礼法之争"的文献史料，这就是对中国传统文化价值的推重。而这种态度和评价，渊源于中德两国悠久的文化交往。这里我们不妨对此稍作一番简要的历史回顾。

三百多年以前，德籍传教士汤若望（Adam Schall von Bell，1591—1666）曾来华传授西方的天算舆地知识。此后，莱布尼茨（Gottfried Wilhelm Leibnitz，1646—1716）力图把欧洲文化与中国文化置于"同等"的层次之上，他将"人类精神联系"的伟大观点深植于德国，认为西方自然科学与思辨哲学、逻辑学等对东方有所启发，中国的实用哲学和国家道德对于西方也同样具有魅力，所以要求东西方两大文化相互接近和平等交流。

清帝国封闭的大门被打开后，来自德文背景的法学著作始入中国。同文馆于1871年开设了德文馆，德国外交官马尔顿的《星轺指掌》（Guide Diplomatique，由法文本译出）和法学家步伦（J. K. Bluntschli）的《公法会通》相继被汉译出版。与此同时或稍后，来华德籍传教士花之安（Ernst Faber，1839—1899）用中文编写了《自西徂东》《德国学校论略》等风行一时的著作，较早向中国介绍了欧洲的学术文化教育以及政治法律社会制度。

晚清立宪修律中，德国的政制法律思想通过不同途径大量输入进来，对当时的改革产生了相当程度的影响。特别是，当认识到过去事事取法中国的日本，"自美舰东来"，很快转而"事事取资于德"的成功实践，德国更成为清廷"模范列强"的现实样本。在宪政方面，接受了"远法德国，近采日本"的变革思路。载泽、端方、戴鸿慈等五大臣放洋考察之后向朝廷提出的报告里面，比较了欧美各国的宪政，指出美国的共和制"纯任民权，与中国政体本属不能强同"；英国的君主立宪制"惟设官分职，颇有复杂拘执之处，自非中国政体所宜"；德国虽曰宪政，却是"君有独尊之权"，"与中国最为相近"，因此要求清政府"固当急于师仿，不容刻缓"。五大臣赴德考察时，德国皇帝还发表过中国变法"正宜自审国势，求其各当事机，贵有独具之规模，不徒摹夫形势"
等意见。

于是，1905—1909 年，修订法律馆间接翻译了德意志刑法、裁
判法、普鲁士司法制度、德国海商法、德国国籍法、德国民法总则
条文、德国强制执行法及强制竞卖法、德国高等文官试验法、德国
裁判官惩戒法、德国行政官惩戒法、德国改正民事诉讼法和德国破
产法（未译完）。

新律的编纂工作是以日本为媒介而仿效德国法的。其间虽不见
有德国法律顾问的身影，但为清政府所聘请的冈田朝太郎、小河滋
次郎、志田钾太郎在来华之前，均有赴德研习法律的经历——早在
1897—1900 年，冈田朝太郎就受日本教育部的派遣留学德、法等
国；1908 年起受聘担任大清狱务顾问的小河滋次郎曾留学柏林大
学，和他同一年来华的志田钾太郎 1898 年便开始在德国研究商法，
并于 1903 年获得了法学博士学位。他们来华后自然要以自己熟悉的
德国法知识相售。宣统三年（1911）脱稿于松冈义正等人之手的民
律一草、光绪三十三年（1907）至宣统二年（1910）间完成的第一
部独立的民事诉讼法草案，即以德国法为蓝本。德国法典模式对晚
清修律的影响，从某种意义上是中国近代法律变革朝向大陆法系的
一个重要因素。

早在 1896 年，康有为就上奏提出："若派学生于诸欧，以德国
为宜，以德之国体同我，而文学最精也。"（《请广译日本书派游学
折》）尽管赴德游学重洋舟车，靡费殊多，但借各种途径赴欧洲并
与德国法律学术发生联系者仍络绎不绝。

综计清末民初国人留德研习法科者，约有十数人。其中，1903
年被派赴德国入柏林大学攻读法科的马德润、周泽春以及胡钧、薛
锡成等大概是最早的一批。马德润（字海饶）是湖北枣阳人，取得

博士学位后回国，曾先后担任过京师地方审判厅厅长、北京政府司法部参事，平政院庭长和评事及修订法律馆的总裁，后在平津执律师业。周泽春来自湖北随县，早先就读于湖北经心书院，亦在德获法学博士学位，曾任宪政编查员、留德同学会会长，1910 年回国后供职外交部，旋赴德任考察宪政大臣随员，民国后曾任京师高等检察厅厅长、京师地方审判厅厅长、北京大学及北京法政大学教授。胡钧，亦湖北人，清末留德攻读法科，毕业后回国曾担任过山西大学堂的监督。薛锡成，直隶良乡人，亦柏林大学法科博士，在 1906 年清廷举行的授官考试中被授予法政科举人。

早期赴德研习法政者多出鄂省，与时任湖广总督端方推行的留学政策有直接关系。他认为国人怵于日本之自强，往往径赴东洋游学，"人类既众，学术易歧"，而且日本学制步武泰西，加之"泰西则中国肄业者较少，功课亦极认真"，由欧美卒业者，"大半学问精深，心术纯正，颇多可用之材。现在中国力行新政，所求正在此辈"，所以，虽然鄂省用款支绌万状，但为大局起见，仍竭力筹划。（《奏派学生前赴美德俄三国游学折》）

事实上，当时先日本后又转赴欧美求精求备者也不乏其人。例如曾经翻译过《民约论》并于 1912 年参与起草临时约法的马君武（1880—1940）即是在游学日本之后于 1907 年进入柏林大学的，他于 1911 年冬获得了工学博士学位。王荫泰（1886—1947，字孟群，浙江绍兴人，一说山西临汾）先后毕业于东京第一高等学校（1906）和柏林大学法科（1912），1913 年回国后历任北京政府国务院法制局编译员、法典编纂会纂修、法律编查会编查员、北京大学法科讲师，1928 年 2 月任司法部总长。1913 年以早稻田大学毕业生资格入柏林大学攻读政治法律博士学位的张君劢，更是由于听日本教授讲课时常常提到德国学者及其著作，如 Wagner、Schmoller、

Mayer、Labamd 等人，使他对德国的学问发生浓厚的兴趣，才立志毕业后一定要到德国去留学的。只不过，由于当时的学术风气和他对参政议政高涨的热情，他承认在德读书的二三年间，"自己无多大心得"，"始终站在学问之外，学问与自己尚未打成一片。"（《我从社会科学跳到哲学之经过》）

为了将"欧美各国法政次第输入海内，以扩充我国人法政观念"，早期赴德的留学生们还于 1908 年夏在柏林创办了《欧美法政介闻》月刊，由马德润和周泽春担任编辑员。从保留至今的第一期杂志看，其篇目包括德意志国法学、德普现行宪政、国际公法、行政各论、德意志帝国民法全书、商政、铁路政策论、卢索忏状。两位编辑员承担了提供稿件的主力，另外作者还有施愚、胡钧和湖北左德明。这些作品直接译自德文，是今天我们所能看到的当时对接德文和中文政制法律文化的一部珍贵的资料。

早期国人与德国学术发生联系者，不应忘记的还有王宠惠。他于 1906 年毕业于美国耶鲁大学，为国人获得该校民法博士学位的第一人。此后他便游学英伦与欧陆。在德国，他被选为柏林大学比较法学会会员，随即他以令人惊讶的工作效率和隽永畅达的文笔，只用了半年左右的时间，便将《德国民法典》由德文译成英文。1907年伦敦 Stevens & Sons 书局出版了由这个东方人提供的德国民法的第一个英译本。这不仅从此使他声名鹊起，而且为后人留下了中国法学家将德国民法传入英语世界的一段佳话，实国人为沟通两大法系作出的一项世界性贡献。

号称中国新分析法学派代表性人物的吴经熊于 1922 年前往柏林大学，师从新康德主义代表人物施塔姆勒（R. Stammler）研究哲学和法理学，并用德文写出了评价施氏的著名论文 "Stammler and his Critics"（后由丘汉平译成中文《斯丹木拉之法律哲学及其批评者》），被收入施氏的 *The Theory of Justice*（1925）一书的附录。作为回应，施氏在他的《关于法哲学的问题和方法》（ "The Question and Method of Justice Philosophy" ）一文中认为，吴经熊在这篇论文中所讨论的问题，抓住了法哲学方法问题的根本，并表明了他与吴经熊一致的看法。另一位德国教授欧根则致函吴经熊："你对那些思想领域有着如此广博的认识和独立的思考方式，以至于令我乐于深入到你的思路当中。我感到尤其值得注意的是，一方面，你与康德的思维方式保持着密切的联系；而另一方面，又努力经由康德更加向前迈进，因此，所有重要的概念都被赋予了某些异乎寻常的含意。"吴经熊与施塔姆勒等德国法学家的对话，构成了近代中德法学交流史上的一座高峰。

其他如许道邻、费青等著名学人，亦赓续负笈德京上庠。费青是费孝通的二哥，1935 年考取清华大学公费留学资格，赴柏林大学攻读法律哲学，1938 年回国后受聘于西南联大和云南大学，讲授国际私法和法理学课程。曾任东吴法学院系主任。

在舒国滢教授的"风瀛斋"里，我有幸目睹了费青先生赠送中国政法大学图书馆的萨维尼初版整套的《现代罗马法体系》（8 卷本），以及耶林的《罗马法的精神》、普赫塔的《法学阶梯》等原版书。这些图籍弥足珍贵，它们无疑是前辈法学家探索德国法学的真实见证。

历史仿佛转了一个圈儿，又回到了 20 世纪初期的原点上——那时，德国法在中土稍露风姿，但很快宛若掠过夜空的一颗流星，转瞬即逝。而在经历了整整一百年，特别是在最近 20 多年英风美雨呼啸而来的今天，德国法又在中国重新登场，其中最夺人目光的，就是怀胎于 1997 年秋，次年诞生，将以 8 年时间完成的"当代德国法学名著译丛"的运作。这是中国法学家与德国文化交流中心

（DAAD）和德国科学基金协会共同推进的一个大型学术合作项目。年轻一代的法学家，踵前辈足迹，直接移译德文法学著作（计划 30 余种，今已面世 7 种），系统介绍和传播当代的德国法学，顾西学东渐以来，实中华法学与德国法学交流史上未尝有过之壮举。行文至此，又闻中国政法大学正擘画深稽，拟成立"中德法学院"，欲再现中德两国合作办学的光荣历史。

我期待着：在弘扬法治、昌明学术、东西交流日益频繁的今天，这种有着悠久传统、民性契合的法律文化交往，必将放射出新的更加绚烂的光芒。

二稿于卢沟桥事变爆发抗战六十五周年纪念日

三稿于国人抗日战争胜利纪念日

定稿于是年十一月十九日

[青岛市文物局、青岛中德学会刘善章先生，青岛市档案馆保管处孙保锋君为作者提供了重要的线索和《德华大学》一文（青岛市档案馆打印稿，2000 年），中国政法大学舒国滢教授对本文所涉德文译名及内容方面给予了有益的意见和补充，华东政法大学李秀清教授提供了晚清留德学生创办《欧美法政介闻》杂志的复印本，笔者对所有这些帮助深表感谢。

另外，《宣统元年六月二十九日（1909 年 8 月 14 日）学部奏山东青岛设立特别高等专门学堂磋议情形并商订章程认筹经费折并单》、《青岛特别高等专门学堂章程》、赫善心《中国新刑律论》、《钦定学堂章程》（1903）、《奏定学堂章程》（1904）等，构成了本文主要的文献资料来源，除个别引语外，正文里面恕不一一注出。

原载《比较法研究》2003 年第 1 期。收入本书时对原文讹误作了纠正和适当处理]

【1】 据最新文献资料和研究成果，赫善心，即 Harald Gutherz（1880—1912），1909 年 9 月至 1911 年初任学堂法学讲师。详见黄礼登法律博客，及其于 2017 年在《华东政法大学学报》第 2 期发表的《礼法论争中的失踪者：赫善心的生平与思想》。另外，Kurt Romberg，中文名劳睦贝，胶澳德国高等法院前法官，1911 年赫善心离职后任学堂法政科学长。

探索西方的 "法言法语"

——以毕利干的《法国律例》为线索，兼论
外国法的翻译与中国法律近代化的关系

一、引　言

清朝光绪六年（1880），京师同文馆以聚珍版刊印了法国人毕利干（Anatole Adrien Billequin，1826—1894）主持翻译的《法国律例》一书。过去，学术界和法史学界已有著述论及于此，特别是李贵连教授 1993 年发表的《〈法国民法典〉的三个中文译本》一文，首次介绍了这个译本的概况，将其中的"民律"与后来的两个有代表性的法国民法典译本作过专门深入的比较研究。[1] 然而遗憾的是，有关于这部译作基本上没有引起法学界更多、更进一步的关注和重视。[2] 在偶有提及的论著当中，甚至对它还有不大准确的介绍。窃以为，《法国律例》的问世，是有明确史料记载的，而且是完整保存至今、最早输入中国的西方法典文本，是中法（或中西）早期法律文化交流的一个具有开创性意义的成果，也是探寻近代中国法学知识传统的一个不可忽视的课题，在中国法律史以及比较法研究中有

其特有的地位和意义。[3] 鉴于这个译本在近代中国输入西方法学或法典的过程中所具有的开创性意义，本文拟对首先容易引起人们兴趣的以下几个问题略作探析：《法国律例》是在怎样的背景条件下输入中国的？译者与译本的内容如何？汉译本《法国律例》如何展现西方大陆法系法典体系的概念，以及其在最早建立起的中文与西文法律语词的沟通对应关系方面作出了怎样的尝试？最后评价一下作为西方近代法典编纂的一个杰出范例，这部法国法典的输入对晚清社会具有怎样的影响和意义，特别是以此为线索，对近代中国学习西方法的经验加以反思。

二、毕利干与《法国律例》

作为具有西学深层背景知识的一个部分，《法国律例》之所以能够在清朝中央政府机构的支持和资助下被翻译并获得出版，一如当时其他有关西学书籍的译印，与同文馆之设立，特别是后来同文馆训练科目范围的扩大有着密切的关系。

1861 年 1 月 13 日，刚刚办理完与英法两国乞和议约不久的恭亲王和文祥、桂良联合提出了一份具有历史意义的奏折，其中提出了设立总理各国事务衙门（又称"总署"或"译署"）和培养自己翻译的这一前所未有的方案。他们极力主张学习外国的语言文字，认为"今语言不通，文字难辨，一切隔膜"[4]，为了"不受人欺蒙"，"必先谙其言语文字"[5]。这就是说，如果中国人要避免吃亏，培养能胜任的、可靠的翻译在当时已是迫在眉睫、不容回避的了。于是，1862 年 7 月京师同文馆正式开馆教习。首先是学习英文，不久又添设了法文馆、俄文馆。可见，同文馆最初完全是清廷出于应付对外交涉、培养翻译的迫切需要而设立的。

随着洋务派举办军事工业的形势发展需要，他们深感"若不从

根本上用着实功夫，即学习皮毛，仍无俾于实用"[6]。于是恭亲王
于 1866 年年底又上奏，要求在同文馆内增设天文算学一馆。他们坚
决反驳并最终战胜了顽固保守势力指责他们"师法夷裔""奉夷为
师"的种种攻击；赋予这个原本只是为了训练译员的语言学校一个
教习西方自然科学的任务。这是使同文馆有可能进而在更大范围内
接受或容纳西学特别是社会科学知识所迈出的最为关键的一步。如
果设想一下在海禁初开，"以师法西人为耻"、盲目排外、维护道义
的正统地位不致动摇的传统势力相当强大，连轮船、洋枪都被视为
"奇技淫巧"，延聘外人传授推算格致之理都是"上亏国体，下失人
心"之事，怎可能由官方来支持并印行一部外国法律书籍的话，则
情形的确如此。

与教授语言只能聘请西人、无法求诸本国一样，同文馆里讲授
科学的教习也不得不在很大程度上从西人当中访求。一向对清政府
兴办学习西学的这所语言学校抱有兴趣的海关总税务司赫德（Rob-
ert Hart，1835—1911）向总署提出由他招聘外国教习来馆讲授西方
的科学，并得到了批准。1866 年春赫德匆促赴欧洲招聘，结果"年
轻有为的法国科学家毕利干被聘为化学教习"[7]。

有关毕利干的一般背景情况，我们所知不是很多。从目前可见
的有关文献当中，仅有关于他的一些零星片断的记录[8]。透过这些
记录我们大体可知，毕利干于 1866 年受聘来华任化学教习[9]，此后
一直在馆任教，并曾于光绪十六年（1890）三月分署总教习[10]。
1891 年回国，三年后卒于巴黎。

毕利干几乎将他后半生的全部精力都奉献给了向中国传播西方
知识的事业上——他无疑是同文馆里最为尽职尽责并勤于著述的外
国教习之一，从总管大臣和提调对他一致的褒扬中，就可以清楚地
看到这一点。王文韶、苑芬池、李鸿章等都认为他是"法国好学深

思之士"[11]，徐用仪称他"通敏好学，督课甚勤"[12]。就连好大喜功的同文馆总教习丁韪良（W. A. P. Martin，1827—1916）也承认毕氏讲课常能引起学生研究化学的兴趣，不复炫耀中国的炼丹术，又由于他在授课之余译出了《化学指南》和《化学阐原》两书[13]，而被冠以"中国化学之父"的美称[14]。除了翻译《法国律例》之外，毕利干还利用余暇，编成了一部颇具规模的《汉法合璧字典》（Dictionnaire Francais-Chinois），于 1891 年在北京和巴黎同时出版。[15]的确，他是同文馆外国教习里除了丁韪良以外译述最富的一位。而且从他译著的门类上看，它们涉及了自然科学、法律和语言文字三大领域，也就是说，他在沟通东西文化和引进西学上所作出的贡献是多方面的。正由于他馆课勤奋、兼译各书而且始终不懈的突出业绩，毕利干得到了总理衙门的奏奖，1885 年他被清廷赏给四品顶戴的虚衔。[16]

毕利干在馆的专责是教授化学，本与法学无涉，是什么原因促使他去完成如此规模的法律翻译工作呢？这个问题虽然有趣，但却很难从现有的史料中找到答案。总管大臣王文韶在《法国律例序》文当中曾稍涉于此，他说：

> 同文馆化学毕教习，系法国好学深思之士。着有化学指南、阐原各书。翻译成帙，而于刑名，尤本诸家学。兹后因授课之暇，商同丁总教习，率化学馆诸生，译出法国律例共四十六卷。

这就是说，毕氏在法学方面是有家学渊源的，尽管我们尚不知晓他是否接受过专门的法律训练。实际上，仅从他能够利用训课之余令人惊叹地主持翻译出皇皇 46 卷（册）的法国法典这一行为本身，便可以想见他对法学和向中国介绍法国法抱有怎样的热情了——如此规模的法典翻译，实非一般的兴趣所能为也。

最后，还必须要考虑到的是，清政府特别是洋务官员在当时对于引进西洋法律持怎样的态度，这是关系汉译西法书籍能否在中国出版的一个重要条件。

先从大的方面来看，洋务大臣创办同文馆，以翻译泰西言语文字为最关要紧之事，提倡并鼓励译书，至于翻译何种内容的西书似无限制。实际上，仅就政法一类的书籍来说，直到《法国律例》付梓之际，除了早在 1864 年就由总署出资支持刊印了第一部完整的汉译国际法著作《万国公法》（Henry Wheaton，*Elements of International Law*）外，同文馆还刊印了《星轺指掌》（1876）、《公法便览》（1877）、《公法会通》（1880）三种国际法书籍。这些书籍都由总理衙门大臣题签或作序，并以聚珍版刊印。这些事实表明，在对办理交涉事宜有着亲身体验的一部分清朝官员看来，了解外国的法律是十分必要的。

恭亲王等人于 1864 年给清帝的一份奏折中说，由于外国人对于中国的语言文字无不留心学习、潜心探索，因此，他们在交涉中往往 "援据中国典制律例相难"。朝廷办理交涉的官员虽 "欲借彼国事例以破其说"，但 "外国条例俱系洋字，苦不能识"。此外，即便乘间探访获知了外国的法律书籍，若想索取并委托翻译，"又恐秘而不宣"[17]。于此可见，既然翻译外国的法律书籍不无裨益，而外国人又愿意把它们翻译成中文，那么外国法的引进自然不会存在障碍；而奏折当中的理由阐述，甚至还透露出一丝推动西法输入的朝气。

三、第一个西方的法典模式

《法国律例》是光绪六年，即 1880 年由京师同文馆出版的，因其以武英殿木活字刊印，故称 "同文馆聚珍板"。该书第一卷目录

页末尾及别处印有"法国毕利干口译、宛平时雨化笔述"字样,可
见《法国律例》之汉译工作,是按照19世纪90年代以前长期流行
的合作翻译模式完成的,即以洋人为主而辅以华人,由洋人口译,
华人笔述。[18]时雨化系河北宛平人,生平不可考。据有关同文馆的
史料,他是同文馆化学馆的生员,除有一次缺考的记录(1878)
外[19],余皆不详。王文韶序文里说毕利干"率化学馆诸生译出法国
律例",故推想参与译事者,可能还不止时雨化一人。毕利干在翻
译中无疑承担了重要角色,但时雨化笔述之功亦不可没。

  《法国律例》统共六函四十六卷,凡46册,总计4780页。全书
气势恢宏、卷帙浩繁,当为同文馆所刊印西书译本规模最大的一种。
(见表一)其各册封面书名由总署大臣、户部尚书董恂题签。卷首
是总署大臣王文韶的草书序文;其后为"凡例序",该序虽无署名,
但当为毕利干所撰。[20]接下是目录和主文。

表一　《法国律例》篇目结构一览

篇名	函	卷（册）	法条	叶/页
刑名定范	一	四（4）	643	258/516
刑律		四（4）	484	210/420
贸易定律	一	六（6）	648	319/638
园林则律		二（2）	226	114/228
民律	三	二十二（22）	2281	1077/2154
民律指掌	一	八（8）	1042	412/824
总计	六	四十六（46）		2390/4780

  《法国律例》是法国六种主要法律的一个汇辑,实际上就是今
天我们所讲的法律汇编。按"凡例序"的说明,这六种法律的内
容是:

　　刑律，系分明解说指定如干某例即获某罪，并应科以何刑。其所制刑名定范，系陈明某项罪案应归某官员所管，该官应遵某例而科定其罪也。其所制贸易定律，系陈明一切商贾交易之事，并于一切运载各货，或系雇赁车船并车夫、水手及铺户生意赔累、倒行、打帐等事，均归贸易定律，因案按例衡之。其所制园林则律，实为国家之要务，不惟可取其材，及于风雨之调顺与地势之通畅，并所有园林，有属之于官，亦有属之于民者，遇事均宜按例遵行，……其所制之民律，系制定民间一切私利之事也。而此民律，复分为三纲，共计二千二百八十一条，其一纲论人，二纲论资材，三纲论以何法能获赀财利益并互相有勉行应尽之责。其所制民律指掌，系制定各项范围，以便人人行其所执之权也，一遇因事到官，考其所执之权是否切实，如无异议，则其所执之权，系为牢不可破之权，应令照权遵行。

　　检阅毕利干《汉法合璧字典》中的相关词条，此处的"刑律"即 Code pénal，今译作"刑法"；"刑名定范"即 Code de procédure criminelle，今译"刑事诉讼法"；"贸易定律"即 Code de commerce，今译"商法"；"园林则律"即 Code forestier，今译"森林法"；"民律"即 Code civil，今译"民法"；"民律指掌"即 Code de procédure civile，今译"民事诉讼法"。关于这六种法律译自何种原本以及有关原本的背景情况，书中未作任何交代。不过，从"凡例序"结尾处"兹译原书开首例序有如是者"一语看，不仅译本中的"凡例序"是来自"原书"开首的一篇例序，而且整个译本也应当是来自一部类似的法文本的法律汇编。

考全书内容，并与民国二年（1913）商务印书馆编译所出版的《法国六法》中相关的法律比照排查，可知，除"园林则律"之外，其他五种法律均为拿破仑时代以来法国颁布的法律，即今天我们所称的法国的民法典（1804）、商法典（1807）、民事诉讼法典（1807）、刑事诉讼法典（1808）、刑法典（1810）。

关于译本中这六种法律的结构和编排次序值得我们的注意。

上文已经讲过，《法国律例》共有六函，因王文韶的《法国律例序》文和全书的《凡例序》均冠于"刑名定范、刑律"一函之首，故此函亦无疑居于全书之首；余者四种法律中，除"贸易定律、园林则律"和"民律指掌"各自别为一函外，"民律"一种则分为"民律第一函""民律第二函""民律第三函"，自为一体。然而，这四函之间并无序列标记，故其连属，无由判断。从王文韶序文的叙述当中，我们可以看到这六种法律的排序是：刑律、刑名定范、贸易定律、园林则律、民律、民律指掌。此外，《凡例序》中亦以同样的顺序分别介绍这六种法律。将《法国律例》译本中各种法律的实际排列与两篇序文的叙述顺序对比来看，显然，其间差异主要在"刑名定范"和"刑律"这两者之先后互有颠倒。不过，无论如何，刑事类法律被置于民（商）事类法律之前，事属无疑。

在一个发达的法律秩序中，总会形成各种不同层次或不同类别的法律；而这些法律又决非是无意或无所遵循地被乱堆在那里的；它们总要按照人们的某种主观价值标准而被构造成某种有序的状态。例如我们总是把一般的、根本性的或者重要的法律排在个别的、特殊的或次要一些的法律之前。又如，"公法的"与"私法的"法律在不同时代或不同类型的法律秩序当中也会有主次排列上的差异。

显然，中译本《法国律例》的结构和编排次序有这样几个特点：

其一，宪法在近代民主政治中具有崇高的地位，它是创立各种基本法典的依据和效力渊源，在一个完整的法律体系中总处于领先的位置。然而，这部译作当中没有法国宪法的位置。

其二，按照两篇序文，向称19世纪法国法典编纂史上杰作的民法典被编排在刑事法律之后，甚至在商法和园林则律之后。

其三，刑事诉讼法又被置于刑法典之前。这些都并非是其母语传统下的编辑式样。

《法国律例》译本中所呈现出的刑前民后的编排次序，究竟是仅仅照搬了底本的原貌还是编译者有意重新作了如此编排，这给我们留下了充分想象的空间。

一种可能的解释是，这是由于编译者为了能够向这个由《大清律例》一统天下的国度介绍和传播法国法而有意重新编排的结果，目的在于迎合或者适应中国法律以刑律为主的传统性格。具体来讲，编译者在安排《法国律例》的结构时，大概是受了这样一种观念的支配：向中国介绍外国法典，应尽量使用中国人能够接受和理解的方式，并尽量使中文呈现出来的东西符合中国人的习惯。按中国法律传统，不仅诸法合体，而且以刑为主。刑事法律自应居于首要位置。

至于商法被编在民法之前，可能与当时洋务运动兴起的"重商、商战"、要求制定商法的形势有关；独立的民法和民事诉讼法为中国传统所无，则放在最后。另外，或许是受中国古典律学中"刑名第一"传统的影响，也可能是由于对刑事诉讼法性质和内容的误解，而又将"刑名定范"列在了"刑律"之前。

再有，对于从事如此规模的法律翻译的毕利干而言，他不可能没有宪法在现代法典体系中所占何等重要位置这样一个起码的法律常识，然而译本中宪法竟付阙如。毕氏宁肯译出"园林则例"而放弃宪法的理由，笔者推测，除了因为译者的这样一种认识或感觉使然之外，很难说再有别的理由，这就是中西政体的根本差异，译出那种与天朝体制本不相合的凝结着法国资产阶级革命成果的根本大法，不仅毫无用处，甚至会冒政治风险（译出"园林则例"则不会冒险，或可反有实益、反获嘉许）。

无论这种解释能否成立，对于当时的读者说来，《法国律例》的这种编排容易使人发生种种误解是完全可能的。梁启超根据自己的阅读经验曾特别提醒读者注意：《法国律例》虽然名为律例，但"不得以刑书读也"，正是为了要纠正人们有可能将《法国律例》视如《大清律例》一样，仅仅是指法国刑法这类可能发生的误解。

法典的结构与排序问题虽看似无关大旨，可是，作为最早引入中国的西方大陆法系国家的第一个法典模型，《法国律例》至少在部门法的分类上显然已经不同于中国传统律典的结构形式。不过透过这种被"中国化"了的法国法典体系，我们又可隐约地感受到"民刑有分"与"诸法合体"之间在最初相遇时所呈现出的矛盾复杂的情形。

中华民国二年（1913）五月上海商务印书馆编译所翻译出版了《法国六法》一书，这是自《法国律例》问世30年后所见到的第一部完整的法国法典汇编，也可说是近代中国引入的第二个大陆法典模式。它的结构与《法国律例》的编排结构已经完全不同——依次为"法国宪法"、"法国民法"、"法国民事诉讼法"、"法国商法"、"法国治罪法"（法国刑事诉讼法，"治罪法"一词显然是受日本译词的影响）和"法国刑法"。这个法典模式不仅恢复了宪法的统率地位，而且将民法置诸各部门法之首位、刑法置于篇末。这种天翻地覆的变化正是清末民初立宪修律运动带来的一个结果。

四、汉语世界里的 "法言法语"

向来对法国民法引以为豪的评价，必要言及其语言的优美、简洁和通俗易懂等立法技术上的优点，特别是与有"法学家法"之称的《德国民法典》相比较，更是如此。[21]据说拿破仑所设想的民法典应当是每个家庭里和《圣经》一样必不可少的东西，而且浪漫地想象出它是法兰西农民们能在田园月光照耀下阅读的书。但这都只是在西方文化氛围下对法典语言风格的一种评价。若把法文转换为汉语，则其原味、原韵之失，不知几凡——我们如何去体会原文的意蕴及其语言的精妙？摆在毕利干面前的正是这样一种困难。虽然中法之间的文化交流早在16、17世纪法国耶稣会士来华就开始了，其间也有过一些编纂双语词典的尝试[22]，但这次翻译所要处理的是法律性质的材料，特别是法典中的概念、术语、名词的翻译，都是从无先例可供借鉴的。

限于文献资料之不足（尚未查到《法国律例》译本的原本），尤其是笔者学力不逮，因此，这里只能暂就现有的一些史料稍作分析，途径有二：一是，将《法国律例》与1913年出版的《法国六法》等材料（包括1909年后修律馆纂修陈篆翻译的不完整的法国民法[23]）进行比较；笔者相信，这种比较在一定程度上可以反映出1880年至民国初年这一期间汉语世界理解和吸收法国法律概念方面所发生的变化及其某些特点。二是，《法国律例》中的大量文句和译词今天读来难以通解，既然无法知晓它的原形词，故而权且借助毕氏于1891年编成的《法汉合璧字典》[24]，从该字典提供的与《法国律例》译文用语相对应的中文语词中反求其原语，再将该原语与后来编辑的法汉字典进行对比（见附表），如此可以更确切地了解这些"法言法语"最初的含义与变化。

就前一途径而言，李贵连已在他的论文《〈法国民法典〉的三个中文译本》（1993）里作了开创性的研究，他以民法为线索，对《法国律例》中的"民律"与修律馆陈篆的《法兰西民法正文》及李浩培于 1950 年代译成的《法国民法典》（1979 年初版）这三个译本进行了比较分析，指出馆译本和修律馆本之间在译文、使用概念上都存在着很大的差异，结论是后者优于前者。

笔者将《法国律例》与《法国六法》进行全面对比后，发现两者之间在用语和概念表达方面的确存在着很大的差异，不仅是民法，而且在其他各个部门法律的译文当中也不同程度地有所反映。为了进一步说明之，下面观察几段译文：

法国律例·刑名定范	法国六法·治罪法
第一条　按法国例，国家设有刑曹之官，凡一切刑名之案是其专责，无论何项人等，凡有屈抑亏累者，均可身当原告，挟有控诉之权，前往管理此项刑名之官据实申诉。	第一条　求欲以犯人处刑之诉
第一类　论惩惩司衙门所理之事	第一卷　警察裁判所之事
第二类　论一切词讼案件应归于秉公议论词讼之署中照案办理者	第二卷　应任陪审之事件
第一节　论秉公议论词讼之绅	第一款　陪审之事
第三类　论呈请注销一切案件之条例	第三卷　请求取消裁判谕知之方法
第五类　论如一项案情内关三四官署应行科办者而其案果归于某衙门拟办以专责成并有接到一切案情而其案却归非该署应管理者即转移于应管之衙门以资科办	第五卷　二个之裁判所管辖相触时定其中一个之诉及由此裁判所移审察于彼裁判所之诉
第七类　论有数件条例而特与国家君民有所关涉并关涉一切休戚之事者	第七卷　关于人民之权利及公的安宁之诸件

续表

法国律例·贸易定律	法国六法·商法
第一卷　论总赅贸易情形	第一篇　一切商业之事
第一类　论一切商贾贸易之人	第一卷　商人之事
第二类　论一切商贾贸易所立各项册簿之事	第二卷　商业册簿之事
第三类　论一切商贾市馆之事	第三卷　会社之事
第一节　论一切商贾之会之名及其一切围范	第一章　会社之种类及其规则
第二节　论各会中商友遇有口角争执之端则以何法为之调处而排遣之	第二章　起于会中各人间之争及裁判之之方法
第四类　论夫妇析业之例	第四章　夫妇分财之事
第八类第一节第十一段　论持票人于兑发银雨有应得之理并有应得之本分	第八卷第一章第十一款　汇票所持之权利及义务
法国律例·民律指掌	**法国六法·民事诉讼法**
第一集　论一切控诉案件而有推敲追比之情系在官署之中	上篇　在裁判所之诉讼
第一卷　论晰讼官署	第一卷　治安裁判所
第一类　论传案票之事	第一章　呼出之事
第四类　论所拟示谕系关词讼于物主之权者	第四章　财产占有权诉讼之裁判
第九类　论息讼官遇事有应回避之情	第九章　述治安裁判官故障之事
第二卷　论各项微末职官之衙署	第二卷　下等裁判所
第三类　论于晰讼之绅而拣选一人以为驳辨原被告所呈约据者	第三章　被告人委任代书师之事及被告人之答辩

由上可见，译者用以对应法文法律概念的语汇自然仍是那些中国固有的习见习用的语汇，如"词讼""刑曹""刑名""官署""衙门""六部""南书房""朝廷""商贾""票"等；但对于许多无法从现有的语汇中找出用以对应的那些陌生概念，则只能在固有词语范围内进行各种重新组合予以表示。

组合的方式，或者是仿照原来已经行用的某种习惯表述，通过替换其中的某些语词，使之改造成为一个新的概念。例如，清代律学中有"刑名指掌"一词，而"民律指掌"即是仿造该词的结果，用来表示 Code de Procédure Civile。类似的仿照形式还有"园林则律"（Code forestier，今译"森林法"）一词。按清代中央各部院大多有厘定其组织及职掌的法规，称为"则例"。其中，刑部有将之与"律"合并者，称"律例"，但未有称"则律"者。译者将"则例"中的"例"替换成"律"，以"则律"对应 Code 一词。通过这种方法获得的新词未必能够恰当地表示原语的概念，但这往往是译者在翻译中首先会考虑的一个办法，因为这样的新词比较容易为读者所接受。

另外就是先尽量搜求一个最接近本源语意思或者概念类似的中心语词，然后在它的前面加上一个说明性或描述性的短语，以限定那个中心词的意义。例如 Jury 一词，译者先将它对应为中国的"绅士"，并在它的前面加上一个定语，成为"论秉公议论词讼之绅"这样一个概念。他如"无王国"（Démocratie，今译"民主"）、"有主之国"（Monarchie，今译"君主政体"），以及凡例里面的"由天所生之律例"或"天生律例"和"由人所加增之律例"等，也都是具有类似构词特点的新法学概念。

当然，并不是所有的本源语概念都能方便地借助这种组合方式，有许多就只能是纯粹性地描述。如将 Codifier 一词（今译"编纂法典"）描述为"揆之于情、度之于理"。再如一个关于司法管辖的概念，"刑名定范"里则以很长一段令人费解的语句来描述——"如一项案情内关三四官署应行科办者，而其案果应归于某衙门拟办以专责成，并有接到一切案情而其案却非该署应管理者，即转移于应管之衙门，以资科办。"

以添加字句的方式另造汉字组合，是翻译外来概念的一种不得已的办法，它常常使整个译文显得臃肿、繁杂，特别是添加描述性字句的概念，而且由于无法顾及语言的表达习惯和方式致使阅读发生不便和困难。在《法国律例》译本当中出现"词位空缺"的几个部分，如"民律"里面，这种新的汉字组合非常之多。

从当时的工作环境上看，毕利干以中文探索西方的法律概念并非毫无途径可寻。他与丁韪良共事多年，而丁氏又有翻译国际法的经验，因此对于某些复杂的西文概念的理解和翻译上，他是有条件与丁氏互相协商、共同探求的。尽管目前没有直接证据证明这一点，但毕氏曾将 Droit 一词解释为"有应得之理并有应得之本分""理应""例应"等（见上文），可能就和丁韪良的翻译有关——丁韪良在翻译万国公法时，就将 right 定义为"凡人理所应得之分"。此外，毕利干据以编纂法汉字典的语言参考资料，也包括了丁韪良的所有国际法译本以及其他社会科学译本，如《万国公法》《公法便览》《公法会通》《星轺指掌》《富国策》等。[25]

关于《法国律例》译本的准确性方面，梁启超曾有过不客气的批评。在 1896 年发表的第一部政论著作《变法通议·论译书》里，他指出：

> 中国旧译，惟同文馆本，多法家言。……然彼时受笔者，皆馆中新学诸生，未受专门，不能深知其义，故义多闇窒。即如《法国律例》一书，欧洲亦以为善本，而馆译

之本，往往不能达其意，且常有一字一句之颠倒漏略，至
与原文相反者。

同年梁在著录西书时也说该书"译文繁讹"[26]。

梁启超指出译本繁讹且与原文含义相违，这些问题或缺陷对于
任何一部译本都是根本性的。可是我们知道，那时梁启超既未出国，
也不懂得任何西文，他是何以得出如此评价的呢？笔者猜测，这种
评价可能来自某个熟悉法国文化的人（当时已有几批游学法国的学
生学成回国），可能也有个人研读的体会。因为我们很难想象梁启
超能对《法国律例》作双语式的对照分析，并发现其中的"繁讹"
之处和"与原文相反者"。无论如何，考虑到译者毕竟是一个外国
人，而当时对法国法的学习和翻译又事属首创，梁的这番评价是过
于苛刻了。

五、法典翻译与中国法的近代变革

《法国律例》的汉译和出版具有怎样的历史意义，这个问题，
我想可以把它放在这样两个不同但又是互相关联的大背景下予以评
价：一个是中西（或中法两国）文化交流的一般方面；另外就是西
学输入和中国法律近代化的关系，而后者是重点。

先看第一个方面。近代中西之间的文化交流始自 16 世纪西方的
耶稣会士来华传教。17 世纪中后期，法国开始和葡萄牙等国竞争在
东方的传教利益，不断派传教士来华。他们在向中国传教布道和收
集中国情报的同时，也翻译了许多天算、舆地、器物制造、语言文
字以及历史、哲学、伦理、艺术等方面的书籍，将欧洲的科学文化
知识介绍到中国来。进入 19 世纪以后，西方（包括法国）来华的
外交官和传教士更是从事了大量介绍彼此文化的工作。虽然几百年
来中国和西方进行了内容丰富、领域广泛的思想文化交往，而且也

留下了从张诚（Jean-François Gerbillon，1654—1707）、李明（Louis Lecomte，1655—1728）、白晋（Joachim Bouvet，1656—1730）、马若瑟（Joseph-Henrg-Marie de Prémare，1666—1735）、钱德明（Jean-Joseph-Marie Amiot，1718—1793）一直到戴伯理（Dabry de Thiersant，1826—1898）、于雅乐（Camille Imbault-Huart，1857—1897）、顾赛芬（Seraphin Couvreur，1835—1919）、菲拉斯特（P. L. F. Philastre，1837—1902）等众多在中法文化交往史上光芒闪烁的法国人名，可是他们从来都没有像翻译法国法律那样如此专门地涉足向中国介绍近代西方法典这个领域，尽管在他们出版的大量书刊中，有些已经涉及了相当丰富的西方政制和法律的内容。

应当看到的是，编纂完成的著名法典，往往代表着一个社会文明发达的总体水平，是人类社会历史发展取得划时代进步的突出标志。法国法典，尤其是民法典，是法国长期研究和注释罗马法，并总结 19 世纪以前社会发展的全部成就编纂而成的，代表着当时最先进水平的法典体系。《法国律例》的汉译是 19 世纪法国文化对外传播的一个重要体现，它大大地扩展了东西文化交流的专业领域。一方面，它首次把浓缩着法国社会文明状况的丰富信息传播到中国；中国自此始知法国有规模如此宏富的法律典籍；知其国治理皆有根由，而不仅仅长于制造。另一方面，伴随着法国法的对外传播和以其为典型代表之一的大陆法系的形成，法国法典开始传入具有古老法律传统的中华帝国，终于有了它的第一个中文版本。总之，《法国律例》中文译本的问世，在中国和法国，乃至中西法律文化交流史上，都占有开创性的地位，它是中法文化交流史上一件值得纪念的大事，这一点毋庸置疑。[27]

下面以法国法为主要线索，来考察法典的翻译与中国法律近代化的关系。

首先暂且作一个小小的回顾。中国人最早接触到或者学习法国法的时间并不晚于汉译本《法国律例》的出现。早在光绪三年（1877），福建船政学堂即首次派出了该学堂中"天资颖异，学有根柢者"分赴英法两国游学（这也是中国官派学生游学欧洲的开始）。当时作为随员的马建忠（1844—1900）和学生兼华文案的陈季同（1852—1905）前往法国，"俱入政治学堂，专习交涉律例等事"[28]。其中马建忠于1879年获得法律学位[29]，可谓中国出洋学习法国法律的第一人。在呈报李鸿章的一份关于学习情况的总结（1878）里，他这样讲述了他自己的感受：

> ……初到之时，以为欧洲各国富强，专在制造之精、兵纪之严。及批其律例，考其文章，而知其讲富者，以护商会为本；求强者，以得民心为要。护商会而赋税可加，同盖藏自足；得民心，则忠爱倍切而敌忾可期。他如学校建而智士日多，议院立而下情可达。其制造、军旅、水师诸大端，皆其末焉者也。于是以为各国之政尽善尽美矣。及入政治院听讲，又与其士大夫反复质证而后，知"尽信书而不如无书"之论为不谬也。……[30]

通过对法国政治法律的学习，马建忠对西方社会的认识在思想上发生了明显的变化，特别是，他这时已经能够对西方文明的"本""末"关系作出自己新的评价；这种亲身经历对他改良思想的形成和发展无疑是具有重要作用的。

后来，黄遵宪通过日本也了解到了法国法律，特别是法国的《治罪法》（《刑事诉讼法》）给他留下了极其深刻的印象。在光绪十三年（1887）完成的巨著《日本国志》里，他写道：

> 泰西素重法律，至法国拿破仑而益精密。其用刑之宽

严，各随其国俗，以立之法，亦无大异，独有所谓《治罪法》一书，自犯人之告发，罪案之搜查，判事之预审，法廷之公判，审院之上诉，其中捕拿之法，监禁之法，质训之法，保释之法，以及被告辩护之法证人传讯之法，凡一切诉讼关系之人、之文书、之对象，无不有一定之法。上有所偏重，则分权于下以轻之；彼有所独轻，则立限于此以重之，务使上下彼此权衡悉平，毫无畸轻畸重之弊。窥其意，欲使天下无冤民，朝廷无滥狱。呜呼，可谓精密也已！

透过对法国法的观察，黄遵宪深深地感受到 "欧美大小诸国，无论君主、民主、君民共主，一言以蔽之曰：以法治国而已矣"[31]。

《法国律例》出版以后，对于当时渴求探知西学的个别知识分子的确产生了一定的影响。这里可举一个个别但较为典型的例子。

1880 年代是康有为猛读西书并逐渐形成他的仿洋改制思想的重要时期，估计正是在这个时期，他就对这部译作进行过仔细深入的研究。在写于 1891 年的《答朱蓉生书》里，我们能清楚地看到康有为是如何畅达自如地引述了《法国律例》民律当中的 10 个条文和刑律里的 2 个条文，它们主要涉及与中国伦理社会所重的领域相类似的那些方面。[32]

康氏认为 "东西律制，以法为宗"，若要考察法国的这些法律条文，则可知父子天性、君臣之义 "无所逃于天地之间，凡人道所莫能外者"；"至于人心风俗之宜，礼仪廉耻之宜，则管子所谓四维不张，国乃灭亡。有国有家，莫不同之，亦无中外殊也。" 甚至，"以此知彼族亦极尚廉耻也"。这样的比较，使他有力地反驳了当时流行的那种三纲五常只是中国之大教、"西夷无之" 的守旧观点，并得出结论，"彼惟男女之事，不待媒妁，稍异于吾道，自余皆无"。

可见，康氏通过阅读《法国律例》，充分认识到西方同样有其丰厚的"学艺政制"背景和发达的精神文明。在体用关系上，这时他已突破了早先的那种认为西洋之"用"只在于"格物制造"的观念上的局限，而直讲"西学政艺之用"，把"西政"放在了西学的突出位置。由此观之，康有为可能是最早就《法国律例》作中西比较研究的人。从引用条文的熟练程度看，应当说，他是认真研读过它的，并且能将其中的某些内容作为发展自己思想的有益材料，这在当时是非常难能可贵的。

当时，康有为正在广州长兴里开堂讲学。他为了阐发中西政教风俗之故，"取万国以比例推断之"[33]，《法国律例》也同样在他阅读的视界当中。南海先生又"尽出其所学，教授弟子"[34]，因此，在聚徒授业之时，《法国律例》也很可能是生徒之间传习的西书之一。

1896 年梁启超在上海主持《时务报》时，对他所知的几十年来汉译西书的成就作了比较系统的梳理和总结。在同年编成的《西学书目表》中，他第一次将《法国律例》一书加以著录。他说："《法国律例》名为'律例'，实则拿破仑治国之规模在焉，不得以刑书读也；唯译文繁讹。"[35]从这个评价中可见，梁氏显然知道《法国律例》的体系和内容与中国的刑书有着很大的不同。尽管并未详确地指明其间的根本区别所在，但他特别提醒国人不要单凭书名就以为《法国律例》和《大清律例》一样都是刑法；《法国律例》还有比同样作为王朝宪典的刑书更加丰富的内容。仅就梁氏指出的这一点而言，它对具有传统法律观念的中国人初次接触西方法的概念，无疑是有启蒙意义的。除此之外，在 1897 年至 1898 年间任湖南时务学堂中文总教习时，梁启超还将《法国律例》列作学堂专门学（公法门和掌故门）的课目，使之成为学生的必读书之一。[36]这也是我国近代自开办新式教育以来，将法国法列入学堂科目的最早尝试。[37]

比梁启超稍晚，在黄庆澄编辑的《中西普通书目表》（1898）里也收有《法国律例》的书目。编者注释说："《法国律例》，拿破仑手定也，读之，可想见雄才大略，并世无双。"[38]这个介绍比较的笼统，它沿袭了梁启超的著录样式，即把《法国律例》和拿破仑的名字联系起来，从而给人留下拿破仑是一位了不起的立法者的印象，此外再未提供关于译著本身的任何信息。

19 世纪八九十年代正是中国知识界和思想界风云激荡的时期，这一时期西学得到了比以往更为广泛的传播。对于关注西学的那些士夫学者而言，他们完全有可能读到《法国律例》。不过，除了上面提到过的极少数著名的维新派思想家外，我们很难见到还有其他人——在不同层面上直接或间接与西方接触的洋务派官僚、出使大臣、士绅以及具有改良倾向的思想家——在他们的公牍、函札、日记或著述当中论及此书，或说这部书与其思想发展之间的任何联系。这和他们当中有的经常在自己的著作中征引或畅言《万国公法》的情形适成对照。[39]由此我以为，这部法典对当时的思想界和知识界所产生的影响，总体来讲是极其微弱和有限的。不过这里要说明的是，这个评价并不排斥《法国律例》在问世后或被多次刊印的情形。[40]一部书完全有可能在某种特殊的情况下在不同的地方被大加翻印，但不必定会对当时社会的思想文化进步发生怎样的影响，即使是伟大的作品。

《法国律例》影响的有限，也可从西书译介与时代需求的关系方面予以解说。洋务运动以举办实业为要务，旨在达到"师夷制夷"的目的。故此，西书的翻译，特别是受官方支持的翻译活动，无不紧紧围绕着这个总的目标。基于这种需要，当时吸收西学的主流集中在西文和西艺两大领域，其前者即外国的语言文字，后者通常指自然科学技术，但实际上还包括供洋务官员办理交涉经常参考的西方的国际法。无论究习外国的语言文字，或者译介声光化电、驾造技术、交涉公法之书，皆为避免在交涉中吃亏受骗，并力图借助富国强兵来维持皇权统治。引入公法的理由正在于此：它往往被视为一种师夷制夷之"技"；借助于它可以对付或者应付洋人，否则亦无引进的必要。[41]《法国律例》终究属于国外一种内国的法律制度，与中国法律本无干系，况且，"中外风俗各殊，自有不必从同之处"[42]。所以，它的引进并不具有公法那样的"工具价值"，充其量可供"留心律例者""博采周谘"[43]。这是致使《法国律例》长期高阁聚珍，而不被时用的重要原因。

我们还可以从当时译书的品类状况看到这种影响。以 1860 年至 1900 年以前"馆译本"（京师同文馆）和"局译本"（江南制造局）篇目著录为例，综计两处翻译自然科学技术类书籍约 153 种，社会科学类约 23 种，国际法（含公私两者）8 种，而内国法律类书籍仅为 3 种。[44]这个统计清楚地反映了《法国律例》在此期翻译西书中的难能可贵，但足见当时社会的需要或阅读的兴趣所在。

毫无疑问，清廷当时并没有也不可能有修改整个王朝法律体系的通盘考虑。事实上，只是到了 1902 年清廷修律上谕发布以后，为政府所推动的大规模翻译外国法典的工作才迅速被提上议事日程。可问题是，如果我们说先于法律改革 20 多年前问世的《法国律例》，由于它远远超越了现实社会的需要而成了引进西学中的奢侈品还尚可理解的话，那么令人奇怪的是，即便到了由于全面修律而急需参酌各国法律的时代，仍不见其中曾有过它的任何影响或作用。晚清主持修律的大臣沈家本等人对外国法典的翻译工作极为重视，其中也包括法国法的翻译，然而他们几乎一切都得从头做起。据文献记载，自光绪三十年（1904）修订法律馆开馆到宣统元年（1909）初，曾译有《法兰西刑法》和《法兰西印刷律》两种，巴黎大学法科科班毕业的陈箓留下了一部不完整的《法兰西民法正文》译本[45]，已在翻译中的《法国刑事诉讼法》则不知所终[46]。因此，从翻译外国法典与晚清法律制度变革的关系来看，从修律本应充分利用既有法律翻译资源的意义上讲，从修律馆的译本最终取代了同文馆的译本这个方面来说，《法国律例》的汉译工作可以说是彻底失败了。

中国人知有法国大革命和拿破仑皇帝编纂法典之事并不算晚。早在鸦片战争前传教士用中文编印的书刊里，就已经有了对法国政情的大量介绍，其中也隐隐约约地透露出了拿破仑主持编纂法典的光荣事迹。例如《东西洋考每月统记传》甲午（1834）二月号"新闻之撮要"报道了"自旧王之除以来，佛兰西人自主倜傥，大开言路，自操其权"的消息。该刊丁酉（1837）八月号《霸王》一文又讲，"干隆五十七年（1792）间，法兰西民自操权，纷纷然治本国，改例废置，既废旧法，……"同年十月号、十一月号和十二月号连续三期登载了《谱姓：拿破戾翁》（这大概是中文里关于拿破仑最早的记述），文中介绍拿破仑"及嘉庆三年（1798），到法兰西国，……他之为人，实有超众之才，适始掌治乱邦，帑空而庶民怀疑。然国之领袖，皆其王所管辖。于是设造新律例，先正其纲纪之摧残，而后国家乃得稳当。……"[47]这里所说的"设造新律例"，就是指拿破仑以其卓绝超凡的魄力主持制定了以《法国民法典》为代表的一系列法典这件事。

可是，从最早向中国零星地透露法国"设造新律例"的讯息，到《法国律例》的全本汉译，其间经过了40多年的时间，在这一期间，中国社会并未进步到能使国人关注甚至渴望理解这部世界著名法典的地步。即使退一步讲，如果这时（1880年代）能够觉醒、急起直追，也能少付出些代价，争取到更多发展的机会。然而历史一误再误。

如上所述，大约就在毕利干翻译《法国律例》之际，清政府就已开始正式向法国遣派学生游学。至1886年船政学堂第三次派遣学生赴欧时，又有举人林藩、游学楷、高尔谦、王寿昌、柯鸿年、许寿仁六员"入法国学部律例大书院肄业"，且"均列上上等；高尔谦、游学楷又取中律科举人"。他们赢得了清朝官方"学业较邃，创获实多"[48]的赞誉。然而，无论是最早在巴黎"批其律例"的马建忠，抑或这六名巴黎大学法学系的优秀毕业生，他们都很少曾经从事翻译或介绍法国（或其他国家）法律的工作。就笔者所见之记载，除了柯鸿年曾与一个名叫叶瀚的人一同翻译过《比较商法》（1897）一书外[49]，再就是王寿昌曾于1899年建议并协助林纾将小仲马的名作《巴黎茶花女遗事》译成了中文。这和日本能够紧紧抓住一切机会学习西洋知识的情形截然不同。

日本在明治维新后首先通过翻译法国法来改造其传统的法律。仅从明治二年（1869）到七年（1874）短短的几年间，日本即生吞活剥地译完并刊布了法国的刑法、民法、诉讼法、商法和治罪法等一系列重要的法律。[50]几年之后，曾经主要承担上述译事的日本著名学者箕作麟祥（1846—1897）又纂译成三卷本的《佛国民法释义》（《法国民法释义》，分别于1879年、1880年、1882年刻成）。可以说，在毕利干译成《法国律例》之前，日本在学习法国法，尤其是在创制日西对应的法律汉字等方面，已经明显地走在了中国的前面。即便如此，汉译本《法国律例》出版后仅一年多，日本对此书进行翻刻（1882）和研究。[51]正由于中日两国这两种对待学习西学的不同态度，也正是在这样一个历史的关键时期，两国在为现代化目标而相互竞争的进程上的距离被拉开了。

综上所述，我们可以看到近代中国法律转变进程中一个常见的规律：西方法的引进或中国对西方法的汲取和接受，并非出于中国社会自身内部的需要，而往往取决于需要应付怎样的外部局面。刀枪败于舰炮而后有制造洋器之举；订约遣使而后有引进交涉公法之举；为挽回利权和法权而后有立宪修律之举。凡此种种，无不一再证明了近代中国学习西方知识的被动，"模范列强"和接轨国际法制从骨子里的不情愿，并映衬着传统文化巨大的惯性和保守。《法国律例》诞生于当时的这种时代背景之下，也最终决定了它自生自灭的命运。

附 表

法－汉法律名词演进表（1891—1982）

法汉合璧字典（1891）	法华新字典（1911）[a]	法汉字典（1982）[b]
Accusateur，原告	原告	（刑事）原告、控诉人
Accusé，被告、犯人	被告	（刑事）被告
Acte，具结、合同、契（约、纸、书、卷）	行为、证书	证书、文件、契约
Action en justice，词讼之事	——	诉讼
Administrateur，治理国家诸政之官	管理人、行政官	行政部门主管官员
Administration，六房、公司馆、政	行政、政治、局	政府部门
Ambassadeur，钦差、头等公使	公使	使节、大使
Appel，cour d'appel，总司刑曹衙门	叫唤、上控、控告	上诉、申诉
Arbitrage，调处事件、从中调和	断、调处	仲裁、公断
Arbitre（juge），中人、纤手	中人、公证人	仲裁人、公断人
Autocrate，专主之君、全权之君	自主之君、独裁君主	专制君主、独裁君主
Autorité，威势、权、威权	权柄、政权、势力	权力、职权、权威、当局
Cabinet，（北京）南书房	内阁	内阁
Chèque，会单、汇票	支银票据	支票
Code Civil，民律	——	民事的（法律）
Code forestier，园林则律	林律	森林法

续表

法汉合璧字典（1891）	法华新字典（1911）	法汉字典（1982）
Code de Procédure Civile，民律指掌	——	民事诉讼法
Code de Procédure Criminelle，刑名定范	——	刑事诉讼法
Codepenal，刑律	刑法	刑法典
Partie civile，情甘身充原告，民人之私权	民事原告	——
Codicille，添附遗书	补遗	追加遗嘱
Codifier，揆之于情、度之于理	编纂律书	编纂法典
Commerce，商贾贸易、买卖、生理	贸易、商业、交易	商业、贸易
Tribunal de commerce，督商司衙门	——	商事法庭
Commissaire de police，巡捕厅首领官	警察部员	警察分局局长
Compagnie，公司	公司、会、社会	公司
Constitution，国法、国典、国例	宪法、政体	宪法、政体
Contrat，合约、契书、合同、文券	合同、契约书	契约、合同
Créancier，债主	债主	债权人、债主
Crime，犯法、大罪	罪、重罪	罪行、凶杀
Démocratie，无王国	民政体、共和政治	民主（主义、政体）
Droit，理应、例应、大义、公理	权利、名分、法律	权、权利
Empire，国都、国家	主权、权势、帝国	统治权、权威、帝国

续表

法汉合璧字典（1891）	法华新字典（1911）	法汉字典（1982）
Etat，国家	国、政府、体质	国家
Exécutif，秉权而行法、国君秉权而行法	执法、施政	行政权
Fédéralisme，众邦之公会、合众国	联邦	联邦制
Gouvernement，国家、国政、政府政治、朝廷、治国	政府、政治	统治、管理、政府
Judiciaire，系法的、系刑的、归例的	裁判的	司法
Juge，承审官、理刑官	——	法官、审判官、推事
Juridiction，所应管的、所辖、听讼、归管辖、所属治下	职权、裁判管辖、裁判权	司法权限、裁判管辖
Jurisconsulte，理刑官、法师	法学家	法学家、法律家
Jurisprudence，国法、律例	法学	法学、法律学
Juriste，律学者	法律著述家	法学家、法学著作家
Jury，秉公议论词讼之绅之署	陪审官会	陪审团
Justice，国法、律例	公义、正理、名分、裁判	公正、正义
Légifére，立法，揆之于情、度之于理、定律例者	颁发定例	立法、制定法律
Législation，律例、国法	律法、立法权	立法、法律（学）
Légiste，律例士、公师、法师	法律家、法律学者	法律家、法学家

续表

法汉合璧字典（1891）	法华新字典（1911）	法汉字典（1982）
Liberté，自由、自由无禁	自由、不羁、	自由、自由权
Loi，王法、刑法、律例、法度	法律	法、法律、法令
Homme de loi，律师	法学家	法律界人士
Magistrat，官员、制使、吏	官长、司法官	行政官员、法官
Maire，总甲官	邑长	市长、镇长
Ministère，部	职务、本分、部	内阁、部
Ministère public，监审官	——	检察院（署）
Monarchie，有主之国、有君之国	专制政体、君主专制	君主政体
Loi naturelle，天理、天条	——	——
Obligation，本分、应尽之责、应该、分所应为	本分、职分、债券	义务、职责、责任
Pandectes，律例汇编	罗马法律书	古罗马判例汇编、学说汇纂
Police，巡捕	警察、巡查、捕班	治安、公安、警察
Politique，治国之道、政事	政事的、国事的	公众的、政治上的
Possession，操持之权、有根基	应有之权、具有、占有	所有、拥有、享有
Prérogative，应议者	特恩、荣利	特权
Procédure，经官动府、有控讼狱之事	诉讼之事、诉讼之书	手续、程序、诉讼程序、诉讼法
Procuration，承领执据	代理之权、委任、权柄单	代理（权）

续表

法汉合璧字典（1891）	法华新字典（1911）	法汉字典（1982）
Procureur général， 总监审官	——	总检察长
Scrutin，公举、具名保结	保单、投保单程式	投票、选举
Société，会、社会、会馆	社会、会	社会
Tribunal，衙门、公堂、 法堂判堂、部、法院	公堂、衙门、裁判处	法院、法庭

a《法华新字典》，清宣统三年（1911）初版

b《法汉词典》，上海译文出版社，1982 年

［原载《法制史研究》（台湾"中国法制史学会"会刊）2003 年第 4 卷］

【1】见《比较法研究》1993 年第 1 期。

【2】关于此书的介绍，长期不见于有关中国法律史的任何教科书，较为晚近的一些研究论著，例如张晋藩《中国法律的传统与近代转型》（法律出版社 1997 年版）一书中专门列有"西方法文化的输入"一节，亦未提及此书。

【3】1838 年，新教传教士普鲁士人郭实腊编辑的《东西洋考每月统记传》九月号曾登载过英国于 1835 年颁布的一项关于监狱的管理法令（17条），是我们目前所见到的最早翻译成中文的一部外国法令。而自那以后的 40 多年时间里，我们一直没有发现有关翻译外国法律、法规的任何记载，尽管这期间特别是自 1860 年代以后清朝官方在引进西方的国际法方面已经取得了长足的进展。

【4】《筹办夷务始末》，咸丰朝，卷七十一，第 17 页。

【5】同上，同治朝，卷八，第 29—30 页。

【6】 同上，同治朝，卷四十六，第3—4页。

【7】［英］魏特尔：《赫德与中国海关》（上），厦门大学出版社1993年版，第441页。

【8】 夏东元《洋务运动史》（华东师范大学出版社1992年版）一书中将毕利干、丁韪良等同文馆外国教习的国籍错列为英国。见该书第166页。关于毕利干的生卒年代，中国社会科学院近代史研究所编译室编辑的《近代来华外国人名辞典》（中国社会科学出版社1981年版，第40—41页）中说是1887—1894年，显系有误。李贵连引用此条并对毕氏出生年代表示怀疑，径加问号。见前注1。

【9】《光绪十一年十一月初四日总理各国事务奕䜣等奏》（1883年12月5日）中说化学教习毕利干于同治十年（1871）到馆；又《同文馆题名录》（光绪二十四年刊本）说是同治六年（1867）受聘，十年到馆。

【10】《同文馆题名录》光绪二十四年（1898）刊本。

【11】 王文韶：《法国律例序》（1880）；苑芬池：《化学阐原》序（1882）；李鸿章：《法汉合璧字典》叙（1890）。

【12】 徐用仪：《法汉合璧字典》叙（1891）。

【13】《化学指南》十卷是毕利干与联子振合作翻译并于同治十二年（1873）出版的，此书译自 Faustino Malaguti 的 *Lecons elementaires de chimie*（Paris，1853—1856）；《化学阐原》（毕利干口译，副教习承霖、王钟祥助译）共十五卷（另有卷首一卷），两函十六册，光绪八年（1882）同文馆聚珍版刷印。其原本为 Karl R. Fresenius, *Chemical Analysis*，据后者"凡例"云，此两书当参照互用，指南为入门之书，而阐原为深造之学也。

【14】 W. A. P. Martin, The Tungwen College, in H. B. Morse, *The International Relation of the Chinese Empire*, 1918. Vol. III. Appendix F. 中译本：马士《中华帝国对外关系史》第三卷附录（六）"同文馆沿革"，第513页。

【15】 A. Billequin, 《法汉合璧字典》（DICTIONNAIRE FRANCAIS-CHINOIS），

PEKING TYPOGRAPHIE DU PEI-T'ANG；PARIS E. LEROUX 28，RUE BONAPARTE. 28。这里顺便要说明的是，在笔者所见到的所有提及这部字典的文献或著述里，例如《同文馆题名录》（光绪二十四年刊）、傅任敢译丁韪良《同文馆记》、熊月之《西学东渐与晚清社会》（1994）等，都将该字典的名称记作"汉法字汇"，然而严格地来讲，这个书名并不正确，因为该字典的脊部和扉页都已明确地显示了它固有的中文名称，即"法汉合璧字典"。正因为"汉法字汇"这个名称的不规范，曾使笔者为查寻此书而累受其苦。

【16】《光绪十一年十一月初十日总理各国事务诉等奏》，见中国史学会主编：《洋务运动》（二），上海人民出版社 1961 年版，第 64—65 页。

【17】见《筹办夷务始末》，同治朝，卷二十七。

【18】在 19 世纪绝大部分时期里，西学的输入基本由洋人占取主动。这包括输入西学门类的选择、书目的确定以及在翻译中所承担的角色等。译书的方法也是长期形成的这种固定模式。

【19】《同文馆题名录》所载戊寅（1878）岁试榜应试学生名单，光绪五年（1879）刊，第 4—15 页。

【20】笔者所见《法国律例》（聚珍版）仅有此一篇序文，有人说此序为丁韪良所书，不知所据。愚以为，倘若这篇序文出自丁氏手笔，则不会不落款署名，盖丁氏编书作序，向有落款的良好习惯，故也。又"凡例序"虽名之为"序"，但严格说来，实为内容要介或凡例，不足为序，这或许是"凡例序"不加署名的原因。

【21】比较法学家指出，可能由于考虑到为使拿破仑那样的有觉悟的非法律家能够理解，民法典的起草者可能刻意追求法典行文的简练，因而使之在文体方面堪称杰作，其行文流畅明快，司汤达为获得其韵律，每天必读数节的故事被传为佳话，而保尔-瓦莱利甚至将其称为"法国最伟大的文学著作"。相反，作为潘德克顿法学产物的《德国民法典》的文体和用语是以抽象的、专门技术性的、复杂而晦涩的行文写成，特别是大量使用纯粹、精密而准确的法律概念和用语。参见［日］大

木雅夫:《比较法》,范愉译,法律出版社 1999 年版,第 182—184、205—209 页。

【22】 这方面的情形,可参见〔法〕戴密微 (Paul Demiéville)《法国汉学研究史》(1966) 一文中的有关介绍,载〔法〕戴仁 (Jean-Pierre Drège) 主编:《法国当代中国学》,耿昇译,中国社会科学出版社 1998 年初版。

【23】 参见王健:《法国民法典的第一位中国译者》,《法学》2001 年第 5 期。

【24】 从汉学角度来讲,除了早期传教士编纂的若干汉语词典初稿外,直到 19 世纪开始,法国甚至欧洲的汉学始终没有一部适用的和现代的辞书。1813 年小德经编纂出版过一部大型的《汉法拉丁语词典》,但只是一部古老的汉语词典《汉字西译》的翻版。1890 年,即《法汉合璧字典》出版的前一年,河间府法国天主教传教士顾赛芬 (Seraphin Couveur, 1835—1919) 编成《法汉常谈》(Dictionnaire Chinois-francais),这是一部比较大型的汉语古文词典,后来曾多次再版。由于该字典是以法文解释古汉字,很少注意通俗语言,也无视科技或专门术语,因此它是研究中国古典文献的一部极为珍贵的工具书,对于汉语新法律概念的研究则几乎没有什么价值。

【25】 参见《法汉合璧字典》列出的参考资料目录,JURISPRUDENGCE, XII。

【26】 梁启超:《西学书目表》,1896 年。

【27】 法国著名汉学家戴密微 (Paul Demiéville, 1894—1979) 在他的多少属于中法文化交流史性质的一篇长文里,严重忽略了毕利干曾经在其中所作出的重要贡献,甚至连他的名字都没有提到。见〔法〕戴密微:《法国汉学研究史》,载〔法〕戴仁主编:《法国当代中国学》,耿昇译,中国社会科学出版社 1998 年版,第 36 页及以下页。

【28】 吴赞诚:《光绪四年二月十六日奏续选闽厂生徒随恭塞格赴法国习艺片》(1878 年 3 月 19 日),见《洋务运动》(五),第 206—207 页。

【29】 〔法〕巴斯蒂 (M. Bastid Brugureie):《清末留欧学生——福州船政局

对近代技术的输入》，载陈学恂、田正平编：《中国近代教育史资料汇编·留学教育》，上海教育出版社1991年版，第264页。

【30】马建忠：《适可斋记言》卷二，《上李伯相言出洋工课书》，光绪丁酉仲夏慎记书庄石印。注意，该书所载此文作于丁丑夏，即光绪三年（1877），时间有误。据笔者查考，应为戊寅夏，即光绪四年（1878）。

【31】黄遵宪：《日本国志·刑法志序》。

【32】其引文如下："今按《法国律例》，民律第一条云，此律例系由国王颁行，凡列名于法国版图中者，无一人不应钦尊谨守。第十八条云，凡形同叛逆，欲行谋害国王者，照弑父大逆重案科罪。此条在论治叛逆，与不论尊卑僭分干犯国王及宗室一条内，皆道名分者，不能悉数。其第二节，论治官员，在任内干犯罪过，有不忠于君而失其职守之例。第三百七十一条云，凡一切子女，无论其人何等年岁，须于其父母有恭敬孝顺之心。第三百七十二条云，凡一切子女，为其父母所莞属。第三百七十四条云，凡为子女不能擅离父母之家，除有令其前父命往某处者，始可椰移。第二百一十三条云，凡为妇者，应为其夫者所管属。第二百十五条云，凡一切妇人不能自主作为，及事中见证，须有其夫之命，始得前去。第一百零八条云，凡既经出嫁之妇，不得自谓有家居之所，应随其夫之家以为家。第一百四十八条云，凡男女不能各具意见，妄为结婚，须有父母允准之命，始可结婚。第一百六十二条云，凡自其一祖相传一脉直族旁族之人，不能结婚。但其名分系兄弟姊妹者，均不得结婚。即姊夫妹夫，亦不能与舅嫂等辈结婚。……法国刑律第二十八条，凡有案犯，除治以应得之罪外，该犯即为众人不齿之人。第三十四条，凡为众人所不齿之人，不准其充当一切职役，不准其被人保荐，不准其保荐人，不准给带宝星有经理司□之权，并为介绍质证刑忤乡团兵弁师友教习监督，均不准充当，即为众人不齿之人。"见《康子内外篇》（楼宇烈整理），中华书局1988年版，第170—171页。

【33】《饮冰室合集》第四册，《三十自述》，第16—17页。

【34】《饮冰室合集》第三册,《南海康先生传》,第 62 页。

【35】梁启超:《西学书目表》,1896 年。

【36】梁启超:《湖南时务学堂学约》(附读书分目课程表),载《皇朝经世文新编》卷十九。

【37】创办于 1862 年的京师同文馆是我国最早讲授西方法律的一个机构,但它只是正规地开设了"万国公法"科目。《法国律例》是同文馆翻译西法的一个成果,但没有迹象表明它曾作为该馆专门的教学科目。

【38】黄庆澄编:《中西普通书目表》,算学报馆木刻本,1898 年,第 16 页。

【39】从晚清外交史料、出使大臣日记和参办洋务者的私人笔记等方面的情况来看,似乎可以说,当时几乎所有介入或关注洋务的人都接触过西方的国际法。

【40】除了同文馆聚珍版之外,笔者尚未见到其他版本的《法国律例》。据田涛先生称,该书还有湖北官书局本、上海点石斋石印本、求富强斋石印本等多种,并指出它是"清代翻译引进外国法律中印量最大的书籍之一"。见田涛、李祝环:《清末翻译外国法学书籍评述》,《中外法学》2000 年第 3 期,第 358 页。

【41】同治三年(1864)恭亲王等人奏请刊印丁译《万国公法》一书,其中所讲的理由,正可谓代表了这种观念,"臣等查该外国律例一书,衡以中国制度,原不尽合,但其中亦间有可采之处。……将来通商口岸,各给一部,其中颇有制伏领事官之法,未始不无裨益……"《筹办夷务始末》,同治朝,卷二十七,第 25—26 页。

【42】王文韶:《法国律例序》。

【43】同上。

【44】此处统计数字主要参酌熊月之依据有关文献编制的"京师同文馆译著书目录"和"江南制造局翻译馆译书目录"做成。见熊月之:《西学东渐与晚清社会》,上海人民出版社 1994 年版,第 322—323、538—550 页。有关晚清译介外国政法论著方面的情况,现有田涛、李祝环所编的作为其《清末翻译外国法学书籍评述》一文附录的专门书目可

供参考。见前注 40。此外，正文所言三种法律类书籍的另外二种：一是何启的《英律全书》，二是同文馆的《新加坡刑律》（汪凤藻译，丁韪良鉴定）。此二者笔者仅见篇目，而未见原书。

【45】 参见王健：《〈法国民法典〉的第一位中国译者》，《法学》2001 年第5 期。

【46】 晚清修订法律馆翻译各国法典的篇名目录主要见于沈家本的几份奏折。详见李贵连：《沈家本传》，法律出版社 2000 年版，第 209—211 页。

【47】 参见爱汉者编：《东西洋考每月统记传》，黄时鉴整理，中华书局 1997年版，引文分见第 92、262、295 页。

【48】 以上均见《光绪十六年闰二月初八日裴荫森奏》（1890 年 3 月 28日），载《船政奏议汇编》卷四十一，光绪十四年（1888）刊本，第8—12 页。

【49】 叶瀚：《块余生自纪》。

【50】 《法律学の夜明けと法政大学》，1992 年日本法政大学出版局版。引见李贵连主编：《二十世纪的中国法学》，北京大学出版社 1998 年版，第 28 页注 4。

【51】 司法省藏版，《法国律例》训点本，明治十六年（1883）五月印行。笔者感谢北京大学李贵连教授，他为我提供了他自日本携回的该书以及《佛国民法释义》等的部分复印件。

晚清法学新词的创制及其与日本的关系

一

19 世纪以降中日两国各自摄取西方知识及其互动关系历史的研究，素为中外学者所重。现代法学用语的创制、传播及其在中日之间的流程关系更是一个引人入胜的问题。可是除了语言学以及近代中西关系或近代中国文化方面的研究者有所涉及外，这个问题在我国的法学界很少得到回应。有关近代法学的一些词汇到底是在中国产生的还是在日本产生的，产生之后又经过了怎样的流程等一些基本的问题，一直很少有人研究。几年以前，李贵连教授对现代法学中"权利"一词（还有其他一些法学词汇）的创制经过与近代中日法学交流关系的某种流行看法提出了有说服力的反驳和澄清。[1]受此启发，笔者在阅读了国内外语言学和中日文化交流关系等方面的一些文献和最新研究成果之后，曾对晚清西方法学的输入和法学新词的创制问题做了初步的探索。[2]笔者认为，甲午战争前，即 19 世纪大部分时间里在中国出现的数量可观的汉译西方文献，对于判断现代法学用语的创制与日本影响之间的关系等问题有着重要的价值，应当予以足够的重视，同时笔者还强调了早期的汉译本里包含的那些表达新概念的语汇输入日本后对日本思想近代化的贡献。这一研究思路和语言学最近的研究成果所反映出的趋势正相一致。当学者们在扩大并充分利用了这方面文献材料的时候，往往会获得修正过去某些成见的意外发现。[3]

本文进一步探讨中国近代法学用语创制、传播及其与日本的流程关系问题，具体包括：在明显受到日本影响之前，晚清社会在新的政法类词汇积累方面究竟达到了怎样的程度，日本化的西洋政法概念传入我国的途径及其获得广泛流行的原因，及其这些概念在晚清"变法修律"的语言实践当中所遇到的种种复杂情形。

二

在明显受到日本的影响之前，中国在创制西方政法用语方面究竟取得了哪些值得关注的成就，或者说已经积累到怎样的程度？讨论这个问题，自然又引出另一个前提性的、不容回避的问题，即到什么时候为止，中文的一些政法新词是在没有参考日本资料的情况下被创制出来的。关于这个问题，从目前中外语言学界的研究来看，学者们尚无明确一致的意见。荷兰学者高柏（Koos Kuiper）认为，直到对许多新词完成标准化工作的 1890 年，日本尚未成为中国的样板，好的表示西方概念的汉－日词汇尚未被中国吸收。[4]这个判断和汪向荣把中日文化关系逆转的时间界定在大约 19 世纪 80 年代末是基本一致的。[5]日本学者荒川清秀则强调日语起源的外来词从日本传到中国的情形在甲午战争以前就存在着。他甚至对他确信能够作为鉴别某词是否来源于中国依据的罗存德（W. Lobscheid）于1866—1871 年编纂完成的《英华字典》（*English and Chinese Dictionary*）产生怀疑，推测罗可能参考过堀达之助 1862 年编成的《英和对译袖珍辞书》。[6]根据意大利学者马西尼（Federico Masini）的研究^[7]，周振鹤提出，日本明治维新前中日欧的语言流向是欧—中—日，到了 20 世纪初，主要走向变为欧—日—中，而在这中间，两种走向都存在着。^[8]

显然，日本借助汉译西籍吸收外来文化和中国吸收日本化西洋知识是一个自觉不自觉的过程。抛开这一点不说，以上那些看法的形成，更重要地，实际上主要取决于掌握和利用现有书证材料的程度。从历史上看，我们知道，进入 19 世纪之后，打通中西认识上的障碍并且确定中西概念之间对应关系的主要是来华新教传教士，同时也包括那些作为必要辅助的中国人。1815—1823 年马礼逊（Robert Morrison）陆续编成的《字典》（*A Dictionary of the Chinese Language*），1833—1838 年间郭实腊（Karl Friedrich August Gützlaff）主办的《东西洋考每月统记传》（*Eastern Western Magazine*），1839 年伯驾（Parker）、袁德辉分别摘译而成的《各国律例》，1864 年丁韪良（W. P. A. Martin）的《万国公法》（*Elements of International Law*）以及其他许多的书刊，都是在不曾受到日本影响的情况下完成的。特别值得提出的是，作为第一部完整的而非以往零星片断摘译的中文西方法学译著《万国公法》，对于我们确定某个法学术语是否创自中国这一问题具有重要的价值。因为丁韪良主持翻译的美国法学家惠顿（H. Wheaton）的原著《国际法原理》是在完全没有参考日本资料的情况下完成的这一事实，已为国际学术界所公认。正是由于这个译本，我们可以保守地估计，至少直到 19 世纪 60 年代，中国在了解和吸收西学方面并不依赖日本。不仅如此，在明治维新早期，这些中文译本反而成为日本学习西方的一个重要途径。

检索这一时期出现的诸多翻译性质的作品，从构造现代法学的概念的语言学角度来讲，用中文表达西方政法概念的语言实践主要可以归纳为下面几种方式：

1. 用固有汉字或汉字组合直接对应英文词汇

对于选定的汉语对应词汇，如果必要的话，则通过解释或描述赋予固有汉语词汇以新义。这是现代法学用语产生的一个重要来源。传教士苦习汉语并向中国读者介绍西方事物时，很自然会从中文固有词汇里寻找意义接近或一致的对应词。从马礼逊的《字典》到罗存德的《英华字典》，都是建立这样一个对应关系并使之牢固确立的产物。在这些双语字典里面，大部分的政法词汇都找到了相应的对应词，例如在马氏《字典》里——adopt：立嗣、立继、继嗣；ambassador：使臣、使臣官；banker：银铺；bankruptcy：倒行；code：律例；contract：立约、定约；divorce：出妻、休妻；incest：亲属相奸、逆伦奸淫；custom：海关；company：公司；hostage：以人为质；justice 义、公道；legal：照例的、合法；naturalize：化外的人；police officer：衙役；lawgiver：设律者、立法的；penal laws：刑法；precedent：援以为例；property：财、遗业、基业、祖业；passport：路票；power：权、权柄、权势；tribunal：衙门；等等。[9]

两种语言对应关系的建立，为沟通彼此的意义世界创造了条件，为中国读者有可能理解外国事物打开了一个别无选择的门径。事实上，传入中国的第一批西方政法知识正是建立在这一基础上的。[10]可是，这种简单的对应，往往滤去了蕴含在语词背后丰富的生活经验，故不能保证彼此概念的一致或准确，因而充满着沟通、理解上的危险。当意识到这一点，但又无法找到非常合适的词汇的时候，翻译者便会作出专门的解释，或者借助一段描述提供相关的语境，试图揭示隐含在符号背后的、跟自己的生活经验有着或大或小差异的丰富的文化内涵。例如，马礼逊将 privilege 一词对应为"八议"，并介绍了中国法律上"八议"的具体内容（议亲、议故、议功、议贤、议能、议勤、议贵、议宾），类似地，他还用"六部"所代表的"衙门"一词与 court of justice 对等。对于美国的 President，为对其他人有权威者，若不知他的正式称呼，则可称之为"长"或者"头目"（the eye of the head）。作为双语字典，他的这种解释也是双向的，即他也照顾到了英语读者对中国概念的探索。例如，对于英文中的"law"这个词，他先用它对应"法""法律""法度""律文"，再从中国古代法典的名称、历史渊源、法典结构及条文数目等方面勾勒该词在中文语境下的具体含义：

> Laws which have existed in China during many successive dynasties are called 律文；they amounted to four hundred and fifty seven：additional modifying laws framed by successive emperors are called 条例，of which there are 1573，and these united are called 律例一书 "*The Book of Laws*". According to this，the laws of China are upwards of two thousand. The latest edition of the laws arranges the whole under 436 heads. The leüh，are attributed to 萧何，about 200 years B. C.

这就为英语读者理解与自己生活经验完全不同的中国"法律"的概念提供了方便。

2. 音译来自西方的概念

对于外国的国名、地名、人名或其他专门名词概以汉字译音的方法，是 16 世纪欧洲天主教传教士来华从事翻译活动时形成的一个传统。19 世纪新教传教士亦沿用此法。比如，郭实腊在他编印的书刊里就大量使用音译词来表示外国的名称，其中有的可以追溯到艾儒略的《职方外纪》。大规模翻译开始的时候，势必要经历一个译名纷乱的过程。由于"音译无定字"的惯例，特别是由于不同方言的译者拼读时的用字或有差异，则往往出现一个外文名称有数个中文译名的情况。例如"美国"的译名，就有北亚墨利加国、北亚默利加国、北亚米利加合郡、北亚墨理驾总郡、北亚默利加合邦、北亚米利加兼摄列邦、米利坚国、米利坚合邦、美理哥、美理哥兼郡10个之多。只是到了洋务运动以后才逐渐重视译名的统一问题。丁韪良在翻译国际法著作时即深有感触，他说："天下邦国既众，以华文而译诸国名者，其用字配音，率多不同，致一国而有数名，易于舛错。"于是他以条约或著名的《瀛寰志略》中的用词为准，"以期画一"【11】。

不仅是人名、国名、地名，在早期，甚至有些制度性的或是其他抽象的概念也用音译。除了《海国图志》中常见的"巴厘满"（parliament）、"甘文好司"（House of Commons）、"律好司"（House of Lords）等宪政机构方面的词汇，同书卷六十收录的"弥利坚国即育奈士迭国总记"一文中的一段关于美国政制的文字更为有趣（括号内为今译名）：

> 议立育奈士迭国（美国），以戈揽弥阿（哥伦比亚）之洼申顿（华盛顿）为首区，因无国王，遂设勃列西领（总统）一人，综理全国兵刑赋税，官吏黜陟。然军国重事，关系外邦和战者，必与西业（参议院）会议而后行，设所见不同，则三占从二。升调文武大吏，更定律例，必询谋金同。……至共举之例，先由各部落人民共举，曰依力多（候选人），经各部落官府详定，送衮额里士（国会）衙门核定人数，与西业之西那多（参议员），里勃里先特底甫（众议院议员），官额相若。……设立衮额里士衙门一所，司国中法令之事，分列二等：一曰西业，一曰里勃里先好司。"好司"二字，犹衙门也。……其专司讼狱衙门，在洼申顿者一，曰苏勃林（最高法院），在各部落者

日萨吉（巡回法院），凡七；曰底士特力（地方法院），凡三十有三。各以本国法律判断。[12]

这段文字里的职官、政府和司法机构名称概用音译词。不过，这种情况主要出现在 19 世纪中叶以前的文献里。尽管后人仍不断地造出新的音译词，但是相对来讲，总体上还是减少了。其原因，正如马西尼的研究所揭示的那样，即汉语吸收音译词存在着很大困难；在汉文字系统中，总存在着使字的音和形之间保持一种强烈的语义上的呼应关系的趋势。[13]因此，译文里面佶屈聱牙、费解难通的一些音译词的流传存在着很大的障碍，也未被后来的翻译家所承袭。

无论是如马西尼所认为的由于一时没有理想的汉语对应词，还是人们不知道那些抽象的概念如何表达，总之，当中国开始洋务运动而日本开始明治维新之时，传教士们早已将表达世界各国地理的、政治的、法律的、文化的等概念借助这些音译名词加以传播。它们无疑是了解世界的第一块基石。

3. 运用构词法创造政法新词

这里主要有两种情况：一种是利用偏正结构构造新词。如马礼逊字典里的"自主之理"（freedom）、"国政之事、衙门之事"（politics）、"有双妻之罪"（bigamy）、"本分、分内之事"（duty）、"被告的人"（defendant in law）、"大开言路"（freedom of speech），以及其他文献里的"世代公侯之会""百姓间凡乡绅世家大族者之会""民权""万国律例""万国公法"等。事实上，在近代中国吸收外来文化的过程中，这一直是构造新词的重要方法。[14]不过，利用偏正结构构造的名词词组或短语在后来渐渐被简化，成为表达更加精练、使用起来更加方便的名词，如"国政之公会"→"国政公会"→"国政会"→"国会"。

另一种情况就是用后缀式构词法构造新词，最典型的就是"权

（利）"（right）。这是现代法学上的一个重要概念。在古汉语里面，"权"字的本意是秤锤，引申在政治语境中表示威势。丁韪良清楚地意识到，他所要处理的 right 一词，是西方法学中的一个专门术语。他首先用它与表示财货的"利"字相合构成"权利"，并定义"权"或"权利"一词"不独指有司所操之权，亦指凡人理所应得之分"，由此而构造出了"权利"一词的现代意义。与此同时，他又把这种表达新义的"权"字作为后缀，相应地构造了表达英文原著中的许多新概念的词汇。这类词汇的数量可观，如人民之权利、人之权利、国使之权利、私权、人民之私权、自然之权、主权、自主之权、司法之权、掌物之权、国权、国之主权、全权、自有之原权、偶有之特权、制定律法之权、制法行法之权、航海之权、交战权利、立约之权、操其专权等。由于在国际法著作所显示的完整的知识体系当中连续、广泛、固定的使用，使得"权利"一词的现代意义非常明确而清楚，成为晚清为表达新概念所创造的法学新词当中最成功的一个例子。[15]

　　创制法学新词的工作无疑是一个非常艰辛、曲折的过程。开始的时候，有些词根本就无法在中文里找到哪怕有一点点类似的对应概念，即所谓"词位空缺"。这时译者唯一的选择只能是尽可能提供与所要表达的概念最密切相关的其他一些概念来辅助说明。在马礼逊的《字典》里，我们查找到三个典型的例子：

　　一个是"jury"（今通译作"陪审""陪审员"）。这是一个在中国传统法律文化语境下没有的概念。马氏解释这个词的时候，只能说这是一个汉语里缺乏与之对应的词汇（The Chinese have none），接着又说"乡绅"（country gentlemen）有时具有与 jury 类似的功能。尽管如此，早期的传教士们还是设法创造出一些新的词汇，来表达这个对于中国人而言非常陌生的概念——在 1819 年编印的《地理便

童略传》这本小书里，麦都思用"有名声的百姓"来指称 jury。或
许是沿着马礼逊解释的思路，美国传教士裨治文（Elijah Coleman
Bridgman）把它译为地方"衿耆"[16]。而极富语言天赋的郭实腊先
后为 jury 创造了"副审良民"和"批判士"两个新词。不过，"副
审良民"一词在他编辑的杂志里面只出现过一次。1838 年他发表了
一篇题为《批判士》的文章，第一次专门详细地介绍了英国的陪审
制度。[17]尽管这个词在以后的中文文献里面尚未再次被发现，但我
估计这个词对后来日本创造"辩护士"（lawyer）一词可能有某种
影响。

另一个是"advocate"一词。编者指出中国的衙门里没有
"advocates"或"counselors"这样的角色，而有拟写状纸之人，称作
"讼师"，即"词讼之师傅"。

再就是"lawyer"，对于这个词，编者解释的比较详细：

> Lawyers of China are the 书办, or copying clerks 讼师,
> and 状师, are writers of documentary evidence, pro and con.
> 包揽词讼: wholesale undertakers of a litigation; who profess to
> obtain the victory for a certain sum, and if foiled ask for noth-
> ing; but they generally contrive to make it appear that a certain
> sum is necessary to their success, which if they fail is never re-
> turned. All such persons are disallowed by law.

我们知道，中国古代并不存在英语世界里的 lawyer，因此，马
氏把 lawyer 直接比作"书办"或"讼师"是明显错误的。[18]该词今
天一般译作"律师"或"法律家"、"法律人"。用"律师"指称
lawyer，早在《海国图志》里即已出现，然而，作为宪政体制下的
一个现实化的职业概念，则是在 19 世纪后期沿海租界里出现的一些

司法活动，特别是清季大规模"变法修律"工作开展后的产物。

综上可见，至少在 1860 年代以前，欧美传教士及其中国的合作伙伴在创造中文的政法新词方面已经有了一个比较长期、独立的探索经验。从最初的双语字典的编纂一直到编写书刊和整部著作的翻译，欧美的政法概念不断通过各种形式被表达成中文。在这个历经无数艰辛和冒险的过程中，固有汉字或汉字组合被赋予了一些在传统语境下不曾包含的意思。随着中外交往范围一步步的扩大和翻译技术的改进，语词表面的意思也渐渐显示出某种现实的映象。这些语汇通过不断地复制和再复制，有些被淘汰了，有些则发生了变化，并最终融入我们自己的语言里面。尽管我们目前尚没有把所有的这些被新"发明"出来的政法新词列出一个全面的和专详的词表，但是从现存的文献数量和透过前面介绍的内容来看，这类新词的数量一定不少。而这些刚刚获得了新意的法学专门词语，紧随着汉译本输出日本，成为日本吸收欧美政制思想的一个重要途径。[19]

<h2 style="text-align:center">三</h2>

中日之间的文化交往可谓史不绝书。然而引起中国的警觉，进而研究其"动静"，主要是在日本明治维新、走上"脱亚入欧"道路，特别是 1877 年中国向日本派遣使臣以后。从那时起，中文里面关于日本的信息便开始增多，但当时仍视之为"蕞尔小国"，还谈不上对中国有什么影响。甲午一役乃中日关系一大变局。之后日本对我国的影响急遽升腾，并在 20 世纪最初 10 年间达到高潮。一般来讲，这一时期中日之间的文化交往突出体现在人文社会科学领域，其中又因为立宪修律的时代需要而以政法之学为最。至于科学技术方面，国人仍坚信东洋不如西洋。因此，几乎可以说，晚清之受日本文化的影响，重在现代宪政体制下的一整套社会制度方面的知识，

包括政治、经济、法律、教育、军事等。这些知识的输入满足了晚清政治和社会制度变革所需要的近乎所有有用的思想资源；承载着这些思想资源的概念工具被反复地、广泛地使用，一幅现代中国的朦朦胧胧的图景被勾画了出来。这是日本化的西方政法词汇流入中国的总的背景。归纳起来，主要有以下几条途径：

1. 出使日本大臣和游历官绅对日本新变化的观察记述

自 1877 年清政府派遣首次出使日本公使到甲午战争之间，国人开始观察明治维新后日本社会各方面的变化，并留下了不少的文字记录。[20] 尽管多为游记，但也不乏"咨其政俗得失，以上裨国家"的作品，因此也包含有不少的日本政法新词。其中，最引人瞩目的就是首任驻日参赞黄遵宪的《日本国志》（1887）。[21] 该书四十卷，可谓卷帙浩繁，采用中国传统典志体例，单列"刑法志"为其一志。该志简要叙述日本法律沿革，然后录入明治维新后日本法律编纂的最新成就，即完全译为中文并由黄氏本人详加注解的 1880 年日本《刑法》和《治罪法》（《刑事诉讼法》）。著者在"凡例"中称，按照"名从主人"的原则，"官名、地名、事名、物名，皆以日本为主，不假别称"，"即文不雅驯者，亦仍其称，别以小注释之"。透过这两部"一意改用西律"的法典可以看到，日本创造了许许多多的新词或新的表述。如"民法""裁判所""大审院""检察官""刑法""赔偿损害""公诉""私诉""诉讼期限""辩护人""预审""诉讼关系人""共有财产""剥夺公权""无期徒刑""伪证罪""决水之罪""强奸罪""家资分散之罪"等，其中许多仍是我们今天常用的法律专业词汇。新词仍然借助固有的汉字复合而成，可是由于许多是中国人一看虽能理解但并不习惯这么使用的新词，所以译文中随处都有对这些法律概念的解释，不过，这些解释使用的仍是带有日本痕迹的语言。黄遵宪的著作在 19 世纪末受到了高度重视，并广泛流传。与此同时，各省官派赴日考察活动亦日渐兴起，其目的直奔日本的政制与社会制度。他们与留日学生互为呼应，为我们留下了一批珍贵的文献。[22]

2. 赴日留学生传播日本的法政之学

从 1896 年中国开始派遣赴日留学生直到清朝灭亡这一期间，法政科始终是留学日本的主流学科。这个在世界留学史上都十分罕见的庞大的留学生群体在向本国输入日本化的法政词汇方面起了难以估量的作用，主要表现在以下几方面：首先是留日学生们在日本或国内编印大量的法政类读物，如《译书汇编》（1900）、《开智录》（1901）、《国民报》（1901）、《新民丛报》（1902）、湖北同学会的《游学编译》（1903）、张一鹏的《法政杂志》（1906）、孟昭东的《法政学交通社月报》（1906）和《预备立宪公会报》（1908）、沈其昌的《政法学报》（1907）、李庆芳的《牖报》（1907）、吴冠英的《宪法新闻》（1909）等。除了译书汇编社，其他如教科书译辑社、湖南编译社、普通百科全书社、闽学会等还都译印了整套的法政丛书。这些书籍的内容大多来自经过简单加工的课堂笔记、日本教师的著作或讲义、日文教科书的编译文本。[23] 围绕这些新的知识，专门解释日本法政词汇的工具书也出现了，如汪荣宝和叶澜的《新尔雅》（1903）、徐用锡译的《汉译新法律词典》（1905）、钱恂和董鸿祥的《日本法规大全解字》（1907）。

废除科举后，法政学堂在全国勃然而兴。留日法科毕业生一方面把他们编印的那些法政书刊讲义运回国内发行，另一方面更投身于在他们的家乡创办法政学堂，充任教员。这使得清末兴办的法政学堂大都带有浓厚的日本色彩。20 世纪 20 年代初北京一所法政学校的教务长介绍说，该学校使用的教材有 70% 是日本教科书的翻译之作。不断照搬和翻译日本教材的风习多年未改。[24]

此外，通过正式的或非正式的场合，留日学生编译的资料，填补了清政府为官制改革和宪政制度设计由于西文阅读障碍造成的空缺。1905 年陆宗舆随端方、戴鸿慈赴欧陆考察宪政，据他回忆："留德诸学子皆苦于中西制度之不同，译定名词之为难。舆行箧中所携之日本国法学诸书，颇有译自德国者，资为借证，莫不奉为至宝。卒之此类法政诸书，大率皆转译于日本。端、载二使因谓：同行四十人，精通西文者十有八员，不意报告之成功，尚借重于留日出身者。"[25]

3. 官方聘请来华日本法律顾问和教习起草新法和系统讲授

1902 年清廷下诏修律，袁世凯等重臣提出了修律宜以日本为模范的意见。奉旨修订"一切现行律例"的沈家本循此思路，自 1906 年起先后聘请到冈田朝太郎（1872—1936）、松冈义正（1870—1939）、志田钾太郎（1868—1951）、小河滋次郎（1861—1925）、岩谷孙藏（1867—1918）等日本法学名家，成为帮同修律不可缺少的助手；连同会聚京师的留日法科毕业生，使得清末的法典编纂机构，包括宪政编查馆及其他机构都极具"东洋"色彩。在日本的刑律、民律、商律、诉讼律、监狱法等法典迅速被转换为中文草案的同时[26]，日本的法学家还在京师法律学堂及其他场合讲授了自己才消化不久的系统的西方部门法知识。通过曹汝霖、章宗祥、江庸、汪有龄等留日法科生口头的或者书面转达的方式，传播他们刚刚创制出来的各种新的法律名词和术语。官方学习和吸收日本法的行为，无疑有助于来自日本的那些法政术语更具权威性和传播的有效性。

编印报刊面对的是社会广众，教科书则主要面向法政学堂。两者在传播日本法政词语方面都发挥着很大的作用。此外，同样鲜活的是，留日学生在他们给家人的书信或者回家探访亲友的口耳交流，实际上也都是日本的语汇于无形中渗入中国社会的途径。

四

正如我们前面看到的那样，在 19 世纪的大部分时间里，来华欧美传教士和国人在对应中西法律概念的翻译实践中已经取得了可观的成就。尽管如此，到了 19 世纪末至 20 世纪初期，来自日本的政法语汇却迅速占据了竞争上的优势，其中也包含着那些为日本思想的现代化曾经作出过贡献的来自中国的政法语汇，而国人又以极大的热情把它们作为负载新思想的工具从日本搬回到它产生的故乡。这一切的发生之所以成为可能，都跟这些词汇所蕴含的思想资源及其工具价值之于晚清政治话语表达的实践需要有密切的关系。

第一，姑且不论日本对华政策上的"清国保全论"等外因，晚清官方主流意识对于西学的认识，已经由"西文""西艺"扩展到了包括作为治国之道和富强之源的"西政"在内，而且"西政"的价值受到了重视和强调。在权衡了东西洋各种因素之后，张之洞和梁启超一致主张游学日本和翻译日本书籍是一条达到迅速富强的最有效捷径。当时人们也更加意识到译书与当时政治变革方向的关系，即比较世界各国政体，日本、德国与我国最为相近，其法制"于我适宜而可用"。这一点，从清廷颁布新政谕旨，进而开馆修律，再到出洋考察宪政的一系列重大决策的实践结论中显现得越来越清晰。结果是，清廷的决策为引入日本政法语汇开辟了有利的政治环境，而日本的思想资源和概念工具也被期待着用以满足清朝政府表达"欲求振作"的政治实践的需要。

第二，从语汇使用者方面来看，和先前只是在洋务外交等比较狭窄的范围内流行国际法语汇的情形不同，这一时期借用日本政法语汇的是一个数量极为庞大且富有朝气的留日学生群体，是立宪修律成为全国性话题时最有发言能力的一支力量。他们掌握着编辑报刊和教科书的主动权，并以此作为争夺政治话语权和谋求自身利益的重要工具；他们带着刚刚接受的新名词、新概念奔走于朝野上下、议场前后、课堂内外乃至街头巷尾、酒楼茶肆，使得日本政法术语或法律新词拥有了空前广阔的传播空间。正因为他们的言说与其所具有的日本背景相联系，所以当国人从他们那里听到或读到那些语汇和表述的时候，便自然而然地以为这些语词都是从日本来的。

第三，从引入的思想资源的内容来看，这一时期法学不是零散孤立的，而是作为社会科学整体知识的一部分引入的；就法学本身来说，也不是像过去传教士那样仅仅局限于一般宪政知识或国际法，还包括了国法学、法学理论、刑法学、民法学、民事诉讼法和刑事诉讼法、法院组织法、商法、行政法等现代大学法学教育中各个门类的法学知识体系。由于单个的法学词汇被置于一个语境之下，因此，这个词也获得了与相关的其他法学词汇对比和参照的机会。这对于人们把握那些抽象的、可视性弱的政法词汇的稳定的、确切的含义来讲，是非常重要的。

第四，教育制度环境的改变也有利于日本语汇的接受。清末废除科举，取而代之的是一套从小学堂、初等学堂、高等学堂一直到大学堂的完整的学制系统。政法之学被列为高等以上学堂开设的科目，这一方面使得政法之学获得了存在的合法性，另一方面也使政法之学有了系统、连贯的教育基础或新的"文化基层建构"（cultural infrastructure）。

以上种种的便利条件，并不意味着日本政法语汇就一定能够在中国做顺畅的旅行。当日本所造译西语之汉文"以混混之势"侵入我国时，"好奇者滥用之，泥古者唾弃之"[27]。除了严复、梁启超等学者对汉译日本学术用语种种的考释和评论意见外[28]，对使用那些带有"日本语臭"的词汇提出批判的最典型的例证，就是一位自称

"将来小律师"的留日法科学生彭文祖对不加判别地使用日本"新名词"的现象发出的怒不可遏的表达——"令人切齿，深以不能一刃其颈为憾"。在《盲人瞎马之新名词》这本小书里面，彭文祖猛烈批判了几乎都属于法律专业方面的 59 个词汇。[29]日本学者实藤惠秀在分析当时日本词汇受到责难的原因时，认为这还不纯粹是个语言技术方面的问题，更有当时特定条件下的政治问题和社会问题。[30]他的这一观察是中肯的。在 1904 年颁布的《京师大学堂章程》开篇"学务纲要"里面，有几段话就特别能够反映出当时的官方对在来自日本的词汇是有着相当的政治敏感的：

> 古人云：文以载道。今日之势，更兼有文以载政之用。故外国论治论学，率以言语文字所行之远近，验权力教化所及之广狭。……近日少年习气，每喜于文字间袭用外国名词谚语，如"团体"、"国魂"、"膨胀"、"舞台"、"代表"等字，固欠雅驯。即"牺牲"、"社会"、"影响"、"机关"、"组织"、"冲突"、"运动"等字，虽皆中国所习见，而取义与中国旧解迥然不同，迂曲难晓。又如"报告"、"困难"、"配当"、"观念"等字，意虽可解，然并非必需此字。而舍熟求生，徒令阅者解说参差，于办事亦多窒碍。……夫叙事述理，中国自有通用名词，何必拾人牙慧。……倘中外文法，参用杂糅，久之必渐将中国文法字义尽行改变。恐中国之学术风教，亦将随之俱亡矣。……

> 参考西国政治法律宜看全文。外国之所以富强者，良由于事事皆有政治法律也。而中国今日之剽窃西学者，辄以"民权自由"等字实之。变本加厉，流荡忘返。殊不知"民权自由"四字，乃外国政治、法律、学术中半面之词，

而非政治法律之全体也。若不看其全文，而但举其一二字样，一二名词，依托附会，簧鼓天下之耳目，势不至去人伦无君子不止。而谓富强即在于是，有是理乎？

乃近来更有创为蜚语者，谓学堂设法政一科，恐启自由民权之渐，此乃不读西书之言，实为大谬。夫西国政法之书，故绝无破坏纲纪，教人犯上作乱之事，……政法一科，惟大学堂有之。高等学堂预备入大学政法科者习之。此乃成材入仕之人，岂可不知政法？果使全国人民皆知有政治，知有法律，决不至荒谬悖诞，拾外国一二字样一二名词以摇迷人心矣。[31]

在清朝官方看来，一方面，不少来自日本的词汇，尤其是那些"文字务求怪异"的"邪僻之士"和"乱党"津津上口的"半面之词"，如"自由民权"之说，都是危害和败坏本国固有的思想学术、政教风俗和统治权威的威胁力量，必须竭力加以抵制。另一方面，又一再强调完整全面的外来政法概念在我国广为传播的必要和高等以上学堂开设政法科的重要意义。总之，要通过"戒袭用外国无谓名词"，根本上达到"存国文，端士风"的目的。所有这些，都让我们更加深刻地感觉到了日本语汇在流入中国并参与到的政治话语的实践过程中所遇到的种种复杂情形。

[原载《南京大学学报》（哲学·人文科学·社会科学）2005 年第 6 期]

【1】 李贵连：《话说"权利"》，《北大法律评论》1998 年第 1 期。

【2】 王健：《沟通两个世界的法律意义：晚清西方法的输入与法律新词初探》，中国政法大学出版社 2001 年版。

【3】［意］马西尼：《现代汉语词汇的形成——十九世纪汉语外来词研究》，黄河清译，汉语大词典出版社 1997 年版；刘禾：《跨语际实践》，生活·读书·新知三联书店 2002 年版。

【4】［荷］高柏（Koos Kuiper）：《经由日本进入汉语的荷兰语借词和译语》，徐文堪译，载王元化主编：《学术集林》第 7 卷，上海远东出版社 1996 年版，第 204—243 页。

【5】按汪向荣的研究，日本借助翻刻西书中译本输入西学的做法一直持续到大约 19 世纪 80 年代末期，即明治二十年（1887）日本翻刻王韬的《普法战记》为止。从那以后就不再见有中文西书的日文训点本了。详细内容参见汪向荣：《日本教习》，生活·读书·新知三联书店 1988 年版，第 27—29 页。

【6】［日］荒川清秀：《日中学术用语的创制和传播：以地理学用语为主》，德国哥廷根大学"晚清西学译介国际研讨会"（International Conference Translating Western Knowledge into Late Imperial China）会议论文，1999 年，第 1、4—5 页。

【7】［意］马西尼：《现代汉语词汇的形成——十九世纪汉语外来词研究》，黄河清译，汉语大词典出版社 1997 年版。

【8】周振鹤：《初读〈现代汉语词汇的形成〉中译本》，《词汇建设通讯》1998 年第 16 期。

【9】参见 Robert Morrison, *A Dictionary of the Chinese Language*, in Three Parts, Macao: East India Company's Press, pp. 1815-1822。

【10】王健：《西方政法知识在中国的早期传播：以〈东西洋考每月统记传〉为中心》，《法律科学》2001 年第 3 期。

【11】参见《星轺指掌》凡例，清光绪二年（1876）京师同文馆聚珍版。

【12】魏源：《海国图志》卷六十，岳麓书社 1998 年版，第 1653—1654 页。

【13】［意］马西尼：《现代汉语词汇的形成——十九世纪汉语外来词研究》，汉语大词典出版社 1997 年版，第 166 页。

【14】黄河清分析了偏正结构构词的合理性，指出：偏正结构的名词或名词

性词组，是通过种（正）加种差（偏）的方式能对各种事物进行分类，而且在同类事物中又能对某一事物的特征加以区别，这正符合事物命名的最基本要求。见黄河清：《利玛窦对汉语的贡献》，浙江工商大学中日文化研究所网（http：//www.zdrbs.com/abc，2005-07-19）。

【15】有关丁韪良创造现代意义上的"权利"一词的详细分析，参见王健：《沟通两个世界的法律意义：晚清西方法的输入与法律新词初探》，中国政法大学出版社 2001 年版。

【16】参见裨治文：《美理哥合省国志略》卷十六，1838 年。

【17】参见爱汉者等编：《东西洋考每月统记传》，戊戌（1838）三月，黄时鉴整理，中华书局 1997 年版。

【18】实际上，在清代，书办和刑名幕友都有合法的身份，只有讼师为官府所严禁。有关中国古代的法律职业，详见瞿同祖：《法律在中国社会中的作用》，载《瞿同祖法学论著集》，中国政法大学出版社 1998 年版，第 411—412 页。

【19】有关日本幕府末期在思想和社会制度方面的知识如何依赖中国出版的洋务书籍的情形，可参见［日］依田熹家：《日中两国近代化比较研究》，上海远东出版社 2004 年版，第 56—61 页。

【20】例如，首任出使日本公使何如璋《使东述略》（1877）、王韬《扶桑游记》（1879）、黄遵宪《日本杂事诗》（1879）和《日本国志》（1887）、李筱圃《东游日记》（1880）、姚文栋《日本地理兵要》和《日本国志》（1884）、傅云龙《游历日本图经》（1889）、黄庆澄《东游日记》（1893）等。

【21】黄遵宪：《日本国志》，上海古籍出版社 2001 年版。

【22】刘雨珍、孙雪梅：《日本政法考察记》，上海古籍出版社 2002 年版。

【23】有关这一时期出版的日本法政书籍的情况目前尚没有一个比较完整的统计，从北京图书馆编的《民国时期总书目（1911—1949）·法律》（书目文献出版社 1990 年版）中可以看到部分书目。

【24】参见 Hugh Chan, Modern Legal Education in China, *The China Law*

Review, Vol. 9, No. 2, 1936。

【25】参见陆宗舆:《陆闰生先生五十自述记》,《北京时报》承印,1925年,第4页。

【26】沈家本非常重视法律翻译工作,仅据1909年的一次统计,翻译国外各种法律文本即达42种,而日本法就占了13种。参见李贵连:《沈家本传》,法律出版社2000年版,第209—211页。

【27】王国维:《论新学语之输入》,载于春松、孟彦弘编:《王国维学术经典》,江西人民出版社1997年版,第102页。

【28】有趣的是,提出类似批评的人常常又自陷矛盾之中,即批判的对象不经意间被用来当成了批判的武器。

【29】参见彭文祖:《盲人瞎马之新名词》,日本东京秀光舍印刷,1915年。

【30】[日]实藤惠秀:《中国人留学日本史》,生活·读书·新知三联书店1983年版。

【31】朱有瓛:《中国近代学制史料》第二辑上册,华东师范大学出版社1987年版,第85—88页。

说说近代中国的法律期刊

《法律科学》自创刊以迄于今，荏苒二十载。适逢该刊 20 周岁生日之际，遵主编韩松教授命我以"21 世纪：中国法学创新笔谈"撰稿的嘱托，我想就以法律期刊这一话题，粗疏描述一下近代中国法律期刊方面的一些情况，借以表达个人对这份在多年苦心经营中声誉日隆的法学刊物的纪念之情与诚挚祝愿，并希望对法律期刊本身及其家世的研究，能够引起更多人们的兴味与关注。因为，尽管我们这些跟法学打交道的人自接触这个专业的一开始，就跟各类法律期刊结下了不解之缘，乃至终生相伴，成为支撑职业生涯和凝聚职业共同体最重要之媒介，可是至今我们对它的身世还不甚了了。我相信：寻求 21 世纪中国法学的创新之路，当植基于坚实的"接着说"的工作。

从一般的报刊史上我们知道，期刊在中国的出现，始于 19 世纪初期基督教新教传教士东来之后打通中西文字、传播福音的一系列文化活动的这一背景。如果按照在华境内创办的载有欧美政法信息的系列出版物这个标准来算的话，普鲁士传教士郭实腊 1833 年在广州（后在新加坡）创办的《东西洋考每月统纪传》（*Eastern Western Magazine*），可称得上是近代中国法律期刊之嚆矢。该刊曾连篇累牍地发表过反映欧美各国的政治情势与法制概况、英美的议会制度、"自主之理"、司法制度及狱政及其改革方面的文章或消息报道，无论就（政法）主题之突出、抑或内容之丰富而详细，它不仅超过了此前英人在南洋等地已经用中文出版的《察世俗每月统纪传》（*China Monthly Magazine*，1815—1821 年马六甲，主编米怜）、《特选撮要每月统纪传》（*A Monthly Record of Important Selections*，1823—1826 年巴达维亚，主编麦都思）和《天下新闻》（*Universal Gazette*，1828—1829 年马六甲，主编吉德）这三种最早的著名的期刊，甚至也超过了鸦片战争以后半个多世纪里，仍由欧美传教士所办的几种期刊，如理雅阁的《遐迩贯珍》（1853—1856，香港）、玛高温的《中外新报》（1854—1857，宁波）、伟烈亚力的《六合丛谈》（1857—1858，上海）等。

1874 年，在原有《教会新报》出满百期基础上更名出版的《万国公报》（1907 年停办，上海），介绍和传播了当时最丰富的西学、西政知识，里面的社说评议政治和中外时事，并译介西方政治理论及伦理学说。花之安的《国政要论》《自西徂东》《富国要策》，林乐知的《译民主国与各国章程及公议堂解》等著名篇章，最初都是在《万国公报》上面连载，后又由广学会单本印行的。该刊的影响力非同寻常，时全国的督抚衙门里多有订阅。甲午战争后，该刊旨趣更是转向"不变法不能救中国"这一指向，对国人政治意识的激变，起过特别重要的作用。不过，综观 19 世纪由传教士所办的各类新式刊物中，政治法律之学往往只作为刊物的一部分内容予以反映，或混杂于一般社会学说之中，尚未形成单独的编纂物。因此，严格说来，它们还都算不得法律期刊。

清季随着国人留学日本运动的兴起，留日学生开始编印专门的法政连续出版物，这标志着近代中国法律期刊的正式出现。据日本学者实藤惠秀的统计，1898 年至 1911 年留日学生在东京刊印并在国内发行的杂志至少有 62 种，这类刊物多启蒙和宣传革命思想而较少学术性，其中，梁启超的《清议报》（创办于 1898 年）、《译书汇编》（1900）、郑贯公和冯自由等的《开智录》（1901）、《国民报》（1901）、《新民丛报》（1902）、湖北同学会的《游学编译》（1903）、张一鹏的《法政杂志》（1906）、孟昭东的《法政学交通社月报》（1906）和《预备立宪公会报》（1908）、沈其昌的《政法学报》（1907）、李庆芳的《牖报》（1907 年创办）、《宪法新闻》（1909）、吴冠英的《宪法新闻》（1909）等杂志，在介绍和传播西洋流行的政治法律思想学说方面用力尤著。

《译书汇编》可谓我国近代法政专门刊物之鼻祖，也是反映那个时代法政刊物一般风貌的原始典型。它由较早赴日的一批留学生杨廷栋、杨荫杭、雷奋等人集资创办于东京，创刊旨趣"以政治一门为主"，内容专涉政治、行政、法律、经济、历史、理政各门。篇章实际上来自留学生们经过简单加工的课堂笔记或日本教习手中讲义。第一期所列连载篇目为："美国伯盖斯政治学、德国伯伦知理的国法泛论、日本乌谷部铣太郎的政治学提纲、法国孟德斯鸠的万法精理、日本有贺长雄的近世外交史和近时外交史、日本酒井雄三郎的十九世纪欧洲政治史论、法国卢骚（按：今译卢梭）的民约论、德国伊耶陵的权利竞争论。"这些志同道合的热血青年确信"政治诸书乃东西各国各邦强国之本原，故本编亟先刊出此类，至兵农工商各专门之书，亦有译出者，以后当陆续择要刊行"。发行范围除东京以外，主要是通过设在上海、苏州、杭州、无锡、芜湖以及不久又拓展开来的江西、香港、新加坡、台湾等地的行销点，面向海内外汉语读者。代派处取利，比照定价提取二成。版式仍为竖排，但已非线装。偶有注释，亦以双栏小字附于正文当中，文体基本为文言文，有简单的断句符号（如"O"或"、"）。作者不付稿酬，仅"酌量赠书以酬高谊"。

按实藤的说法，在日本刊行的这些法政杂志，不仅达到一般杂志的水准，而且在质素方面还领先于国内的杂志，发行量亦较国内的杂志为多。留日学生通过吸收和改造源于西洋的日本的现代思想和知识，对中国国内近代观念的启蒙"具有很高的启导作用"。

为了将欧美各国法政次第输入海内，以扩充我国人法政观念，马德润和周泽春等早期的赴德留学生1908年夏在柏林创办了《欧美法政介闻》月刊（由上海商务印书馆印行），其宗旨"期在泰西法政界内实际学说输入我国"，而普通政论不涉本旨者，皆不刊入。从创刊号来看，篇章均译自德文，计有德意志国法学、德普现行宪政、国际公法、行政各论、德意志帝民法全书、商政、铁路政策论、卢索忏状。该刊的出版，从一个侧面反映了清末输入欧美法学渠道的多样性。

在东西洋风气的影响和带动下，国内编印的各种法政期刊随之大量出现。1911年爆发的革命并没有打断这一萌芽在中国的发育。相反，民国肇建，法律学术业随着法律期刊的赓续出版，如朝曦破晓，而升东天，并在1930年代臻于成熟。

据笔者近几年来在京沪等地图书馆的多方搜集和统计，清末至民国期间先后出版的法律专门杂志有77种之多（除前述在日本所办之外）。其中清光宣之际3种，民元至1923年间8种，1927年至1937年间41种，1938年至1945年9种，1946年至1949年16种。显然，"南京十年"乃近代中国法律期刊历史上最兴旺发达期，法律之学吸引了国人浓厚的研究兴趣，并带来了更多的智力上的投入。

晚清立宪修律，亟亟于输入欧美法政知识。上海、北京、广州等近代文化已有相当基础的通都大邑纷纷创办各类法政期刊，以应时代的需要。宣统三年二月（1911 年 3 月），方表、陈敬第、沈钧儒、陆尔奎、林长民、贺绍章、孟森、张元济、孟昭常、雷奋、邵义、杨廷栋、金泯澜、蒲殿俊、秦瑞玠、蔡文森、高凤谦、熊范舆、陶保霖（主编）、刘春霖、陈承泽、刘崇佑、陈时夏、刘崇杰这一有着留日背景的法学研究群体发起成立的法政杂志社在上海出版了《法政杂志》月刊，旨在"研究法律政治现象，参证学理以促进群治"，"以备预备立宪时代当立法司法行政之局者取资之用"。办刊者认为，"立宪政体，凡政治必根据法律，故本杂志特注重法律方面之研究，以期合法治精神"。杂志栏目的设计主要有：社说（凡论说，皆依据学理，按切国情，以公平浅显之词发表意见，或介绍名家学说加以论断，以备当事者采择，其一家一党之言及空泛偏宕之词无关学理者，皆所不取）、资料（凡东西政法家学说，海内名家论著，其确有心得，足为研究之资料者，及特别记载调查等不广为辑译）、杂纂（凡中外关于政法之著述，如讲演、判例、批词、时评、史传、笔记、答问等，均随时选录）、专件（凡奏折、公牍、法律草案、议案等，择其证引繁博、议论明通或足备参考者，全录原文；其已经颁布之法令，已另有专书，非极有关系及与本杂志社说须对照者，不再全录）、记事（凡关于立法上事件及行政事件之有关系者，分为本国之部、世界之部，随时记录）等。具体内容，则集中于宪法、议院法、选举法、内阁、弼德院、行政裁判院、审计院、大臣责任、编订法典、文官试验、地方自治及经济财政方面。

从第一期上登载的投稿简章来看，当时刊物的编辑业务已经达到了相当规范、完备的水准。投稿要件是：（1）符合宗旨的各类稿件，不论篇幅长短，均极欢迎。（2）凡著作物、自撰、翻译、辑译各家学说，附加意见，总以有裨学识，切合现时情势及有兴趣者为限。稿酬规定自撰者三至五元/千字，辑译一元五角至三元/千字，但其有特别优点者，不在此限。（3）报酬数目由发行者酌定，如著作者欲自行拟定者，须于寄稿时预先声明。（4）发行者如不欲刊登时，退还来稿，但1000字以下者，概不寄还。（5）凡著作物经发行者收受致送报酬后，无论刊登与否，其著作权即为发行者所有，著作者除自刊文集外，不得再行刊布及送登日报或其他杂志，其不受报酬者，不在此限，惟须于寄稿时预先声明。（6）署名悉听作者之便。（7）发行者可对来稿酌量增删，如作者不愿，可预先声明。（8）翻译之作须将原文一并附下，其自撰而引各家之说者，亦须注明某书第几卷第几页及原书著作者姓名，以备查考。（9）短篇著作及奏稿公牍议案草案判例记事等件，如承惠寄刊登后，当以书券或本杂志奉酬。实际上，此后刊物的编印者与著作者彼此关系的限定，大体不出与此类似的运作框架。杂志初刊时每册约80页，四五万字，定价一角五分，连续订阅者享受优惠。第三期起由过去的24开本改为16开本。杂志同时大量登载商务印书馆所出各类教科书、译著、法令汇编及司法官考试用书的广告。广告词之精练、诱人程度及内容之丰富，为今天法律期刊所不及，令人称叹。杂志的销售遍及北京、沈阳、黑龙江、天津、济南、开封、太原、西安、成都、重庆，以及泸州、长沙、常德、汉口、南昌、芜湖、杭州、福州、广州、潮州等地，辐射全国大部地区，并向海外发行。我们可以想象，这些杂志对上述地方的人民的启蒙与接受新知具有怎样的潜移默化的影响和作用。至1915年年底，杂志停办。

与法政出版物的渊薮上海遥相呼应，作为近代中国政制改革中心的京师，法律期刊的编辑与刊行，自有其生存的天然有利的土壤和气候，并走在全国的前列。《法学会杂志》便是其中最有影响、引人注目的一个。《法学会杂志》的创办，绝而复续，前后共三次。第一次出版的背景，乃清宣统二年（1910）十月，京师有倡言法学者奔走呼号，欲成立法学研究会，推修律大臣、法学名家沈家本为会长，主持会务，其活动内容和任务之一，即印发本会杂志。次年五月十五日（1911年6月11日），由崇文门外兴隆街北官园益森公司印刷的《法学会杂志》第一期问世。杨荫杭（杨绛的父亲）著发刊词。栏目不定期地设有论说、社会政策、刑事政策、各国法制史或外国法制、监狱协会报告、中国法制、法制解释、丛谈、译丛、判决录及专件等。杂志内文有刊眉，页侧边印有篇名，与今日杂志不同处是各篇页码各自起讫。杂志总发行设在西城大酱房胡同广兴里汪（有龄）宅，由琉璃厂第一存正书局发售，每月发行一期，至八月十五日刊出第五期后中辍（第三期为闰六月发行），不足三月，是为《法学会杂志》第一次创办。

第二次办刊历时较久，其经过是：民国元年（1912）八月，南北政事稍安，章宗祥、汪有龄等承沈家本之托，约集同志，继续筹议会务进行方法，公举刘崇佑、王宠惠、许世英、施愚、章宗祥、曹汝霖、汪有龄、江庸、余启昌、汪曦芝、姚震、陆宗舆为学会维持员，任修订会章、经画会务之责。是年十月二十日，重开大会于北京化石桥法学会事务所，订《法学会章程》，发行杂志仍为学会应办事务之一。翌年（1913）二月十五日，《法学会杂志》第一卷第一号问世。沈家本特撰"法学会杂志序"文一篇，冠于卷首。这就是后来收入沈氏《寄簃文存》的名篇"法学会杂志序"的初本（参见李贵连先生关于《寄簃文存》版本的考证）。此后仍按月出刊。至民国三年（1914）七月发行第二卷时，通告改易纂例，重在发表国外法制报告及译作，如有空白，方才刊登理论文字。大理院判例仍予保留。各册页数，视稿件长短而定。迄三年（1914）十二月再次停办，其间共计发行2卷18号。

时隔7年，民国十年（1921）七月一日，由法学会编辑部编辑的《法学会杂志》再次问世。由于此次复办，关乎中国近代的民法编纂活动，这里不妨略为细述。

先从缘起上看，修订法律馆总裁江庸在"发刊词"里，总结了前两次杂志所以没有维持下来，其原因是学会会员"于文字无专责，每期论说译稿，皆以募化为事……材料必形匮乏，敷衍塞责，文字亦无精彩"。他认为杂志之能否持久，关键在于稿源，"以搜集材料之难易为断"。有鉴于当时北京政府修订法律馆在法律制定过程中，有丰富的材料可供利用，其一，馆中近方修订民商诸法典，馆员对于立法方针，随时有意见发表；其二，外国新法令及名人著述，搜罗较富，随时从事译纂；其三，各省调查习惯报告，近方分类编纂；其四，民刑事诉讼法草案已成稿而犹未刊布，如此，"在法学院，利用法律馆文字之供应，可以达续办杂志之目的；在法律馆，利用法学会之杂志，可以收他山攻错之效用。在世之留心法学者，得多数之参考品，可以引起研究法典之兴味"。具体而言，杂志的复办，与前两次一般的法学研究不同，专注于"商榷民商法之重要立法问题"，因为编纂民法，闭门造车，未必出而合辙。不过，当时法典起草中对各项问题的研究，仅限于法律馆中从事编纂的少数人员，于集思广益之道，尚有未尽。故修订法律馆以悬赏征求意见之举，以视多数人之意向，此实续办《法学会杂志》最近之动机也。这样的办刊旨趣，按江庸的说法，"较前两次为深切而远"。

修订法律馆就民法修订征求学者意见的征文简章共计五条：第一条，征集意见问题，在北京及上海两处日报上发表；第二条，应征者于限定期内，开具姓名、住址、籍贯，随同意见书，递到修订法律馆；第三条，意见书经审查认为有相当见地者，赠以百五十元以下五十元以上之报酬，但本馆有俸职员之投稿，毋庸赠酬；第四条，投稿在征求期满后，或与征求意见问题无涉者，如经本会认为有相当见地，亦得酌予发表，但不赠给报酬；第五条，意见书概不退还。

自 1921 年 7 月刊出第一期，至 1923 年元月停刊，其间出版凡 10 期（隔月发行一期）。先后 4 次发布征文题目，这 10 期的大部分内容亦为征文佳作，其他则连载当时的若干新法草案、各省调查习惯报告，少量为一般法学论作。其中，第一次征文，就近代关涉财产诸法的立法趋势背景下，债权立法中保护债权人主义与保护债务人主义两者之争提出 16 个问题。为有裨今人研磨考究，特罗列如下：

1. 自然债务，应否认其存在。

2. 债权人及债务人之迟延责任，并迟延之效果如何。

3. 债务不履行之责任，是否止于赔偿损害，抑应兼采强制履行及代履行之法。

4. 因不归责于两造事由所生之危险，应由债权人负担，抑应债务人负担，及是否可采损失分担之法。

5. 债权之对世力应否认其存在。

6. 债权人之留置权，是否必限于与其债券发生原因有关之物，始能存在（狭义留置权），抑不限定何物（广义留置权）及债务人生计上必须之物，是否得为留置权标的。

7. 债务人受不当损失之契约，可否听其随意解除。

8. 金钱或其他不特定物之债务人，如因事变致一时无力偿清，可否据为减免或展期之原因。

9. 利息之最高率最多额及滚利印子等方法，应否限制。

10. 不当之违约金，债务人可否请求减额。

11. 受雇人于其受长期拘束或显有不利之雇佣契约，可否随意解除，及雇主对于受雇人，应负如何保护之义务。

12. 合伙人关于合伙债务，应否负连带责任，及退伙后之责任如何。

13. 保证人除特约除明外，应否一律认为有担保清偿之责，其先诉检索等抗辩，应否认许，及立证责任如何。

14. 非保证之经手人，应否对于债权人负如何责任。

15. 失火人之责任如何。

16. 因经营矿业工场等大事业，致服劳之人受有损害，或经营铁道汽车等危险事业，致他人受有损害，是否不问其有无故意过失，一律使任赔偿之责。

命题者在关于征文的说明中指出："以上所举，仅仅其荦荦大者，我国立法，宜采如何主义，使如何实现，愿与当世君子，共商磋之，倘于上列各端外，更有所发抒，尤本馆所深望也。"首次征文有 20 余人投稿，审定结果，曾经留学日本的江苏人许藻熔、北京大学法科三年级学生湖北人陶履曾均获酬金 100 元；修订法律馆纂修江苏人王凤瀛得酬金 50 元。王在后来的征文中还屡屡获奖。

由上可见，《法学会杂志》的第三次复刊，主要因为当时编订"民律二草"的立法需要而发生的。以征文方式广泛吸纳各方面学理意见，并将优秀著述在杂志上公开发表，在此意义上，法律期刊对于近代的民法编纂事业，殊有贡献。此外，修订法律馆与法学会、法律修订工作中需要解决的实际问题与法律学术研究、悬赏征文与出版杂志这几方面因素协调兼容的完美构思，对于我国今日如火如荼的民法编纂大业的推进方法，亦不无重大启发意义。

《法学会杂志》的第三次复办虽然断至 1923 年 1 月 1 日，然而同年 6 月，江庸及北京法学会其他热心骨干又成立了"北京法律评论社"（江任社长），筹划创办了《法律评论》周刊（*The Law Week-ly Review*）。编辑方针重在关注现时的司法改革，"关于司法制度之兴废改进有所主张者，不问其意见与本社同人合否，一律登载，期得反映各方之见地，以资法界之借镜参考"。评论社创办之时，未募集基金，并宣告不受政府补助，杂志主要靠发行独立支撑，"各省高等两长，代本社竭力提倡"，"京外购阅者，以法官律师为多，而学习法政之学生亦不少，最多朝阳大学"，所以销路日渐发达。朝阳校友会中坚分子赐稿不取报酬，也是节省开支，维持刊物于不坠的一个重要原因。《法律评论》出版至 14 卷（计 721 期）因抗战爆发而中止。复员后于 1947 年 7 月在南京出刊 2 卷，为双周刊。1949 年，《法律评论》随着朝阳学院在大陆的停办而消失。1951 年，去台朝阳校友谋划复刊事，在朝阳董事长居正的推动下，于是年 6 月 1 日在台北复刊，改为月刊，至今未再间断。据 1940 年代的一位细心读者的总结，《法律评论》有三大优点：一是以资料收集的丰富与正确闻名，所载最高法院的裁判要旨、庭审议录、司法院解释例、司法行政部令等司法文件，均极可贵；二是作为《法律评论》精神之所寄的"法律时评"专栏；三是每期上面篇篇可读、字字珠玑的专著四五篇。（陈文浩：《评"法律评论"》，《读书通讯》第 139 期）而这些特色，正是与司法界密切联系的京派法学家们在长期的办刊实际中赋予的。应该说，自沈家本修律开启京师法学研究风气以来，理实并重的传统在汪有龄、江庸一辈的手中得以维系，并发扬光大。《法律评论》堪称我国最有历史之法学杂志。

与"北朝阳"对应并称的上海东吴大学法学院（"南东吴"），于 1922 年 4 月创办了《法学季刊》。徐谦致发刊词。基于东吴法学院致力世界各主要法系比较研究的教育方针，主办者构思了中西合璧的出刊式样，即杂志由中英文两部分构成；中文部分名"法学季刊"；英文部分名 The China Law Review，篇章内容皆不相同。按创刊号英文部分编者宣称的编辑方针：其一，将外国的法律原理介绍给中国，同时让各国了解中国的法律原理；其二，促进中外法律原理的比较研究；其三，在中国广泛传播这些法律原理的知识，以为将来法律改革之准备。为了有助于实现该首要目的，《法学季刊》将以中英两种文字印行，总的方针是英文大部分内容涉及中国法，中文方面则主要涉及外国法。诸论将坚持严格的非政治倾向，并尽可能地以无党派立场文字予以表达。在中文部分，编者强调：（1）介绍法学上的重要学说；（2）研究关于法律的具体问题；（3）将中外同种类的法学问题合并起来作分析的比较的研究；（4）择优翻译关于法学上的名著。

1932 年 6 月发行至第 5 卷第 5 期时，杂志社为充实篇幅及求编辑便利计，特将中文英文分开，中文部分改称《法学杂志》，双月出版；英文仍为季刊。丘汉平、孙晓楼先后担任主编。董康、郑天锡、吴经熊、陆鼎揆、盛振为、张志骧、张正学、刘世芳、应时、萨莱德、李中道、罗炳吉为顾问。无论在篇章质量或装帧设计方面，《法学杂志》都可称得上在当时具有相当水准和代表性的一份重要法学刊物。检阅各期杂志，可见其中的论文较民国初年发表的文章篇幅更大，标题层次更为严谨，注释体例也更加规范。曾编辑出版的"法律教育研究专号"、"司法制度专号"、"检察制度专号"以及"劳动法研究专号"，不仅显示了东吴法学院学术研究的整合能力，也反映了当时法学研究水平的深入。英文版则大量刊登了介绍中国的新近立法动态、司法改革研讨与实践、现行的判例及古代法制方面的文章。吴经熊撰写的那些主要的精彩的法理学论文，如 Juristic Philosophy of Roscoe Pound、Problem and Method of Psychological Jurisprudence、Sources of Chinese Civil Law、The Legal Theories of

James Wilson、The Logic of "Would-Be" in Judicial Decisions、Scientific Method in Judicial Process、The Province of Jurisprudence Redetermined、The Three Dimensions of Law、The Struggle Between Government of Laws and Government of Men in the History of China、The Mind of Mr. Justice Holmes，最初也是在该期刊上发表的。总之，兼顾中外法制双向交流的办刊思路，充分考虑到特殊历史时代法制建设的需要与融入世界法坛的开放意识，东吴法学院中英文法学期刊的出现，实近代法律学术史上罕见之奇观。1975 年，美国 Oceana 出版公司将英文版 The China Law Review（1922—1937）分 10 册影印重版，从而为今人保留下了这套珍贵的近代法制史料。只可惜至今它还很少得到人们的关注和利用。

1936 年 9 月，原由谢冠生主编的《中华法学杂志》（1930 年 9 月在南京创刊，月刊）被升格为中华民国法学会会刊。杂志的宗旨一准"中华民国法学会纲领"：（1）确认三民主义为法学最高原理，研究吾国固有法系之制度及思想，以建立中国本位新法系。（2）以民生史观为中心研究现行立法之得失及改进方法，求与人民生活及民族文化相适应并谋其进步。（3）根据中国社会实际情形指陈现行司法制度之得失，并研求最有效之改革方案。（4）吸收现代法学思想，介绍他国法律制度，均以适合现代中国需要为依归。（5）阐扬三民主义之立法精神，参证其他学派之优劣，增进法界人员对于革命意义及责任之认识。（6）普及法律知识，养成国民守法习惯以转移社会风气，树立法制国家之基础。相应地，投稿要以"阐明本会纲领所定之思想"为限。杂志栏目分设论说、专著、评述、判例研究、专载、国内外法学消息及书报介绍等。每篇来稿以 1 万字左右为准，发表后按 3—6 元/每千字酌致薄酬劳（新编第 1 卷第 1 号），每期约 130 页。至 1937 年 6 月出版新编第 1 卷第 10 号后，杂志因抗战事而中断；次年9月1日又在重庆复刊，接续出版第1卷第11号。居正、覃振分别致复刊词，杂志内容注重抗战及抗战以后两期法律问题的研究。余尝翻检抗战时期所出若干杂志，其用纸几如草纸，其墨迹模糊难辨，极粗略简陋，心中不禁感慨：当时法学编辑者们是在怎样艰苦的环境下从事着法学出版事业啊！

关于这个杂志的风格，据当年一位读者的评价，认为该杂志"为一学术性刊物，努力于法理的研究，其论著译述均富有价值，宜于大学法律系学生课外研读，与课本比照参证，互相发扬，而对于研究我国固有法系之制度及思想，以谋建立中国本位新法系的努力，厥功尤伟。但实用的法律知识在这里是找不到的"（前见陈文浩文）。此外，还应看到的是，《中华法学杂志》升格后的定位，意义非同寻常。南京是国民党政治统治的中心所在；作为中华民国法学会出版事业委员会的专项任务，其试图确立该杂志在以往自由时代形成的诸多法政期刊格局中的最高权威地位的用意是不言而喻的，也是南京政府在学术思想文化领域里推行"党治"，相应而有"党化教育""党化司法"等具体措置的逻辑结果（1930年代以后意识形态领域的这种变化，对当时以及后来的法律思想理论究竟产生了怎样的影响这一有趣味的问题，至今尚未得到专门深入的讨论）。当然，该杂志确也集结了当时法界大多的名流精英。从1940年代出版的一份杂志的编辑力量名单上看，编辑委员会由夏勤任主任委员，副主任委员盛振为，委员：江一平、何襄明、吴祥麟、林纪东、芮沐、查良鉴、洪兰友、洪文澜、洪钧培、陈霆锐、张志让、张西曼、张庆桢、张企泰、孙晓楼、梅仲协、董霖、杨兆龙、杨幼炯、邓子骏、戴修瓒，而且发表的文章大多具有相当高的学术价值或资料价值，如1937年2月出版的"中国司法制度专号"。

民国期间，还有许多其他颇有特色和品位，质量很高的法律期刊，如北京国立法政专门学校的《法政学报》月刊（1918年创办）、吴经熊和俞承修先后主编的《法令周刊》（1930年于上海创办）、郭卫的《现代法学》（1931年于上海创办）等，限于篇幅，这里不再详述。顺便要说的是，刊载法律作品的杂志，并不仅限于各种专门的法政类杂志，也分布于七八十种文社会科学等类的刊物。

从保存至今的这批珍贵的连续出版物中，我们可以明显地看到，在近代法律史上的各个不同时期，法律期刊宗旨与内容总是与当时的法治构建目标紧紧联系在一起的；宪法起草、颁布事起，而有宪法专号出；司法改革成为关注的焦点，期刊上便有连篇累牍司法研究论作。尽管主编们的取舍标准不尽相同，但总体上，法政期刊自问世时起，即承担着输入东西洋各种法政学说和理论知识于中国、向国人普及近代思想观念的功能，而对汉家故物的关照远逊色于介绍西洋最新信息那样的巨大热情。如果说书籍这种载体形式尚能为"整理国故"的工作提供较多支持的话，那么法律期刊基本上不是以吸引人们对固有法的兴趣和研究为目的的。即便涉及固有法，也往往是作为比照或映衬的对象跟班搭车或者害羞地出现在版面的某个角落。这些都很清楚地反映在不同时期出版的各种杂志上面，从最初的单纯翻译或附以己意的译述式作品，到后来宣誓"重建中国本位法系"口号下各种会通中西式的写作，大抵如此。基于此，从前者意义上讲，中国近代的法律期刊，对于推动中国思想与学术的发展变化起了重大的作用；而从后者意义上讲，法律期刊在将中国固有法的信息传递给今人方面的作用显得十分有限。当然，文学改良运动更加重了后者情形发展的程度，白话语体的写作成为历史的趋势，只有董康等极少数人仍保留着纯文言体的写作。

随着期刊在大学、各种法学社团或其他从事法律活动的专门场合，如法庭或立法机构的流传，近代西洋式的法律学术规范与文字风格，通过那些掌握期刊的主办者们（他们大多具有西式教育的背景）确立的一系列投稿规则也逐渐地在中国确立起来。越来越多的人通过杂志的示范效应获得了思维和写作技术方面的共同背景，包括在命题、层次结构的构思、论述方式、引证与注释体例等方面。由于在编者与读者之间并不存在严格不变的界限或分工，法律知识的生产与消费也逐渐成为一个相对的封闭系统；期刊既是媒介职业共同体的凝合剂，也是维系知识生产的重要手段，从而促进了中国近代法律职业共同体的形成。

　　期刊的连续出版，最终造就了某种新的法律话语权威，中国近代的法学传统便是建立于这样的基础之上。

　　　　　　　　　　［原载《法律科学》（西北政法大学学报）2003 年第 5 期］

庞德与中国近代的法律改革

一、庞德学说在中国

在西方伟大法学家长长的名录上，美国法学家庞德（Roscoe Pound，1870—1964）可说是最为中国读者所熟悉的人物之一。他在中国不仅很早出名，他的思想和学说也随着他的著作在中国的流传而经久不衰，影响了一代又一代的法律学人。

在中国近代法学史上，最早注意到并介绍和阐述庞德法律思想的中国人首推吴经熊（1899—1986，英文名 John C. H. Wu）博士。早在 1924 年吴氏在哈佛大学从事法律专项研究时，他即被庞德强调要注重影响法律发展的社会与心理因素的主张所深深地吸引。庞德时任哈佛大学法学院院长，在美国法界以倡导司法改革而影响日隆。聪慧明敏的吴经熊很快即发现庞德这一思想不同寻常的意义，并在当年的《伊利诺伊法律评论》杂志上发表了《论庞德的法律哲学》（The Juristic Philosophy of Roscoe Pound）一文。[1]在这篇论文里，吴氏高度评价了庞德社会利益理论的重大意义，认为："重点从以法律条文本身为中心，转移到社会对条文生效的要求，至少从职业的立场来说，这个改变在法理思想上与哥白尼的革命在天文学上一样的重要和根本。"[2]

庞德的法理思想一经吴氏的介绍和发挥，很快便引起了更多中国法学家的注意。庞德的一些代表作从此也源源不断地被翻译、介绍到中国来。自 1926 年上海商务印书馆最早出版陆鼎揆翻译并由吴经熊作序的《社会法理学论略》一书之后，商务印书馆于 1928 年又出版了庞德的《法学肄言》（雷沛鸿译），1931 年再次出版了庞氏的《法学史》（雷宾南译）。这些汉译论著在 20 世纪二三十年代曾多次再版，或被收入不同的丛书系列。[3]连同何世桢、张知本、陈霆锐等许多法学家在法学书刊上对庞德学说的诠释、介绍和发挥，它们极大地推动了美国版的社会学法学在中国的传播和流行。

令今人深感惊讶的是，甚至 1956 年在上海出版的一份法学杂志上，我们还能见到对庞德学说表示同情意见的文章。这篇文章的作者直言，庞德要求切实研究如何使法律发生实效的问题，在"批判其反动本质之后，也还是可资利用的法律理论"[4]。

在经历了对他从"帝国主义时代资产阶级反动法学权威"的判定到"20 世纪西方法学界较权威的人物"的认识的转变之后，庞德的社会学法学在今天大学的课堂、法学教科书、法学著作以及研究生的学位论文里又重新流行起来；他的论著——按照目下对西方法学理论和知识资源的需要——仍在被翻译和不时地被引用，如 20 世纪 80 年代翻译出版的《通过法律的社会控制、法律的任务》《法律史解释》等，甚至有人还主张应将庞德的五卷本《法理学》巨著全部翻译成中文，以便能更全面系统地了解庞德法学理论的内容。如此看来，庞德的法律思想在中国读者当中确实有其相当的魅力和影响。

庞德的学说何以在中国有着如此广泛而持久的影响，我想可能有两方面的原因：

一方面，庞德的法学思想方式与中国人的传统思维习惯和心理特征有一定的相通之处。庞德虽然生长在英美普通法环境下，并接受过这方面的专业训练，然而可能多少由于受早年植物学训练的影响，庞德的法学研究的风格明显地呈现出这样的特征，即体系化的思路、注重对（法律）知识作适当的分类和作有系统的阐述。在庞德一生当中所写下的大量的法学论著里，可以很容易地发现这些特征。庞德之所以成为法律哲学家，主要借重于非普通法方面的材料。他的很多核心概念，如划分"行动中的法"与"书本上的法"、社会工程、分类方法的应用、法律中的社会因素、法律与文明的关系等，都是不同程度地融汇了19世纪末以来欧陆丰富的学术思想和法学家思想的结果，这使得他的理论、学说具有兼收并蓄的特点和稳健的风格。与此相应，他对于西方法学历史发展的脉络所作的条理清晰的阐述，也为我们从宏观上了解和把握西方法学沿革、演变的脉络提供了便利。所有这些都极便利我国读者进入他的理论知识领域当中，并从中寻找到我们需要的各种法学知识。（此点对于我国吸收外国法也是一个不可忽视的因素。）

另一方面可能更为重要，即庞德的法学理论主要形成于对19世纪末到20世纪初这一重要历史时期西方法律重大发展成就的总结；以此为背景而提炼出来的社会学法学，正应和了以实现工业化为目标的现代中国社会发展的需要，特别是社会利益学说、法律的社会控制学说、权利以及法律价值学说、法律与文明的关系等，都与建构我国今天的法律秩序有密切的关系；它们可为当代中国的依法治国提供富有启发意义的基础理论。

二、庞德其人在中国

不过，前面所说的那些还都仅仅是庞德与中国的一种间接性的关系，也就是通过文字译介来满足或充实我们研究西方法律思想、理论和知识的需要，或进而从这种有代表性的社会学法学理论当中，来寻求对建构中国近现代法治有所启发的一种智识上的联系。而当我们重新翻开半个世纪以前的法律史册便会发现，这位名列西方法理学发达史上的法学家，并不像许多其他的法理学家，如萨维尼、梅因、耶林、施塔姆勒、霍姆斯、狄骥、凯尔森那样，与中国的联系仅止于此，他与近代中国法的演进还有着一段鲜为人知的、深切的亲历关系——1946 年 7 月到 1948 年 11 月间，应南京国民政府之聘请，年届 75 岁高龄的庞德偕夫人一同来华，担任了南京国民政府司法行政和教育两部的顾问，除中间一度返美任教并收集资料外，前后在华约有一年半的时间。

关于庞氏来华担任国民政府法律顾问一事，在 1949 年以后出版的有关中国法律史的教本或论著当中殊少提及或者一笔带过。只是在近十几年来个别的法学作品中才略有涉猎，但也只是有限地介绍。[5][6]那么，庞氏这一期间在华的言谈行止如何，都到过哪些地方，见过哪些人，发表过哪些作品；特别是，他如何评价中国法的历史和现状，对中国法的未来发展又发表过哪些意见等，这些都令人不由得发生兴趣。

庞氏之受聘为中国政府法律顾问，前后均由时任司法行政部部长的谢冠生（1897—1971）亲为筹划和安排。谢系浙江人，1924 年获巴黎大学法学博士，曾任南京中央大学法律系主任。至少在 1945 年末，司法行政部就有意延聘庞德来华担任顾问，这得到了庞氏的积极回应。在 1945 年 12 月 1 日致谢的信中，庞德表示："承聘为顾问，引为欣幸。年已七十五岁，自信精力健旺，可为相当贡献。六月中可能前来，九月下旬回国，期望于哈佛再教一年，亦即于一九四七年六月再到中国，久住无妨。过去两度访华，深感愉快。"[7][8]

庞德信中所讲的"过去两度访华",说的是他于 1935 年 8 月间和 1937 年 2 月访华之事。那两次庞德均以私人身份来华作学术访问,后一次他曾由当时的司法行政部部长王用宾陪同,在南京的法官训练所和中央大学作了"司法之功能"和"法律之理想运动"的学术演讲。[9]

1946 年春,谢冠生为此事正式呈报最高当局并获准。[10]

谢冠生还在他的日记里面,给我们留下了庞德在华期间活动状况的记录,内容生动、真实、完整和详细。实际上,谢的这部分日记是关乎近代中西(或中美)法律交流关系活动的一份难得的史料,也是反映近代来华外国人如何影响中国法制建设的一个典型例证。

根据谢冠生的这部分日记,庞德在受聘为国民政府法律顾问期间所从事的活动,大体上可归纳为以下几个方面:

其一,是为国民政府有关部门提供关于中国法律改革的方案、建议或报告。庞德于 1946 年 7 月 1 日自美国飞抵南京。在来华后不到两个月的时间里就迅速草拟出三份建议报告,即《改进中国法律的初步意见》(Draft of a Preliminary Report to the Minister of Justice,据庞德手稿封面的记录,该文写成于 1946 年 7 月 12 日)、《创设中国法学中心刍议》(此件于 1946 年 8 月 7 日附函送至司法行政部)和《中国法律教育改进方案》(First Report on Legal Education,按谢冠生日记,此件于 1946 年 8 月 24 日以前写成)。同年 9 月 8 日,蒋介石指示司法行政部,表示希望庞德提供对于中国宪法草案的意见。12 月 8 日,中途返回美国的庞德寄来一份关于中国宪法的意见书,这份意见书的译文摘要及原稿都直接呈报给了最高当局。1947 年 4 月 3 日,庞德自哈佛来函,报告了近期的工作进展情况,同时寄来关于法典诠释委员会的两种编纂方案,供司法行政部选择采用;其中甲种计划为 5 巨册，乙种为 7 巨册，每册 1200 页。此外，庞德还于 1948 年 9 月 20 日致函谢冠生，就中国草拟少年法问题提供意见，即《中国制定少年法应请注意事项》。

除了提供官方的书面意见外，庞德还与谢冠生就当时中国法的许多实际问题进行了工作式的探讨和交流，"谈次屡屡以工作相询"。对于中国方面亟待解决的司法制度改革，如现行的诉讼法和法院组织以及宪法问题，都要求庞德尽先研究，提供思路或意见。

上述这些都是庞德来华工作最主要的部分。庞德于 1948 年 11 月 21 日离京返回美国，此后仍"时有新着及建议寄来"，继续与台湾方面保持着联系。

其二，是参加有关的会议，发表演讲或作学术讲座。1946 年 9 月 4、5、6 日三天，庞德先后在南京的国民大会堂和文化剧院连续作了三场学术演讲，第一次题为《法律与法学家——法律与法学家于现代宪政政府中的地位》，第二次是《法院组织与法律秩序》，第三次讲《法学思想与司法行政》。先后由杨兆龙和倪征燠担任翻译，《中央日报》对此均有连续报道。当时南京天气炎热，但到场听众颇夥。1947 年 11 月 5 日，庞德参加了在南京召开的全国司法行政检讨会议，并在开幕式后的第一次大会上作了关于"现代司法问题"的演讲。同年 12 月 15、17 和 19 日，庞德三次到政治大学作讲演，第一天讲作为中国法律基础的比较法和历史，第二天讲统一法律解释，第三天讲中国宪法问题。12 月 27 日，庞德又到孝陵卫为法官训练班作了两个小时的讲演。1948 年 9 月 10 日，司法行政部在国际联欢社举行招待全国律师公会联合会各地百余名代表的茶会，庞德也参加了茶会，并从改革诉讼程序、统一法律见解、提高律师资格、监督同业风纪四个方面讲述了美国律师公会对于司法的贡献。

作为教育部顾问,庞德还参加了教育部的有关会议。一次是1948年2月4日教育部召开的法律教育委员会第三次会议,并在会上作了关于改进中国法律教育的长篇报告。另一次是同年7月1日召开的法律教育委员会第四次会议,庞德到会并致辞。

其三,考察中国的法制及司法实际状况。1946年9月3日,由司法行政部安排,庞德到江西高二分院、九江地方法院及江西第一监狱等处视察。9月26日,庞德与谢冠生交谈工作计划,庞拟于编著专书之外,同时赴外县进行实际调查。1948年6月,庞德率领司法行政部司法调查团,到上海、杭州一带的司法机关调查实务,并撰写了调查报告。[8]

其四,接触当局政要和法界人士,广泛进行交流活动。从谢冠生的日记里面可以看到,庞德来华后受到了极高规格的接待。1946年8、9月间,蒋介石在庐山牯岭专门接见了庞德夫妇。之后不久,蒋介石又专就庞德顾问之事作了三点指示:一是庞氏聘约,第二年必须续订,待遇须从优厚,以示尊礼贤者。二是庞氏返美后,法部应派员随往,帮同工作。三是中国宪法草案,庞氏有何意见,希就近询问。次年10月25日,宋美龄约庞德夫妇茶会,蒋介石间或出见,又大略了解了庞氏工作的情形。可见,最高当局对庞氏来华工作的重视。

此外,庞德还在各种不同的场合接触了中国政法界的高级官员、名流或知名教授。仅在谢冠生的私人日记当中所见,就有郑天锡、刘亦锴、朱家骅、杨兆龙、王宠惠、陈立夫、徐柏园、杭立武、盛振为、燕树棠、沈家彝、翟俊夫及有关司法人员。他们在一起时,常纵论当代各国法学名家,或畅谈中国法律应在欧陆与英美之间如何取舍,所论"每一问题,无不穷源竟委,折衷至当,闻者皆大悦服"[8]。

三、庞德对中国法的评价与改进建议

庞德受聘中国政府法律顾问期间，提供了关于中国法如何进一步完备和发展的一系列专门报告和建议，它们大体上可归纳为以下几个方面。

（一）对近代中国继受西方法律模式的基本评价

庞德对于中国近代的法典编纂成就及其未来走向有一个基本的判断，即中国应当继续遵循大陆法，而不应改采英美法。他深信中国法学家采行现代罗马法制度贡献的高度系统完备的法典为蓝本"是一个明智的选择"。他说："我对全世界现代法典都还熟悉，中国的法典制定得很好，民法及民事诉讼法足以跻于最优良的现代法典之林。"循着已走的道路向前走去，"是最适当不过的"。如果抛弃久已继受的现代罗马法系统，并期望在短期内转而仿效英美法系来适应中国的环境，那"几乎是不可能的"、"是一种浪费"并"将是一个极大的错误"。如果在一百年前，中国究竟是依循现代罗马法还是英美法的路线去发展它的法律可能还成为一个严重的问题，但现在已经走得很远，而且做得很好，再予变更，应当郑重。

上述观点为庞德在不同的演讲和报告中反复强调，他不仅坚持如此的主张，而且还充分阐述了他的理由。

在庞德看来，世界上的两大法系都是长期历史发展的产物。现代罗马法是由于法律教师和大学的努力充分发展起来的具有高度系统的学说，具有大学法的特色，易于教授并易于为其他地区接受，"如果其他地区需要迅速采行成熟的法律制度以代替习惯的古老制度，或旧文化下所制定而不适于今日社会的法律"的话。英国普通法则是自 13 世纪至 17 世纪从英国王室法庭里、在 17 世纪以后是在执行法律的律师事务所或在学徒制方式下发展起来的；是法庭法，比较缺乏科

学地有系统地叙述和缺乏现代化书籍，因而不易教授，也不易在短期内为别的民族之急于采行新制度者继受。一个国家如果没有英美法历史背景，没有如英国或美国所训练的法官及律师，要去体会它将是非常困难的。基于这种法律历史传统上的差异，要将英美法移植于不同历史背景的地区将是无益的。19世纪的改革家曾想把陪审制度移植到欧洲大陆企求预期效果的失败尝试，已经提供了这方面的经验。

除了法律历史传统的不同，英美法上的一套适用技术及其自身所具有的某些弱点也不宜中国移植仿效。前者如不动产与动产技术上的划分、普通法与衡平法的双轨制、普通法与制定法间的区别以及由于实施陪审制而形成的证据法的专门技术、契约法上关于"约因"（consideration）的例外、积极的信托、积极的诈欺等许多源于英国法的概念，中国可能要经历很长的时间去把握它，至少在短期内不易把握。而且，中国民法的起草人于现代罗马法制中，明智地抛弃了它中间一项历史上不合理的过程，即民事法和商事法的划分。如果中国要选择英美法为范本，那就可能有不。只三类这样武断的历史性的双轨制需要排除。

对于后者，庞德指出英美法曾长期受困于历史上的专断主义，很缓慢地才从中解脱出来，不应传播到从未有过专断主义的地方。再有，立法是必要的，而英美法制度迄未使立法发展至最高境地。美国虽然已经将英美法予以编述（restating），但这是在中国仿照现代罗马法完成法典之后；而当中国准备起草法典的时候，美国法的编述工作尚待开始。这里还有一个要注意的问题，即现代罗马法大部分由行政官（magistrates）发展和适用，其精神是行政性的，故此现代罗马法统治的国家，特别是在法国，一个确当的判断，往往是行政机构与法院之间相互协调的产物；而英美法律由法官发展和适用，其特征是司法性的，行政机构与法院之间有着怀疑，而且常相冲突，缺少和谐。这种冲突在今天已成为一种严重的阻力。

总之，由于法律历史传统的差异，英美法上特有的技术方面的因素，正处于急遽变革之中的中国社会必须有大量的立法予以推动以及目前中国法典编纂的实际状况与完备水平，都决定了中国不宜改采英美法。但庞德并不贬抑英美法，并一再说他对英美法的称赞不让于别人。在称赞中国法典优长的同时，他也指出了其中的某些缺陷，如民事诉讼法或许可以更简化一些，刑法典关于保护管束和假释的规定不合时宜。他还主张中国应当吸收、借镜英美法的长处。

关于中国法的未来发展，庞德还乐观并充满信心地指出，中国的法律是为中国人民而存在的，于世界现代法中撷取其精华以为材料，但采取了适合中国人民的范式，以规整他们的关系，范围他们的行为。因为人民并不为法律而存在，法律是为人民而存在，用以维持并促进他们的文化。一个真实的中国法，应于适应整个领域的一般概念与地方环境所需要的地方习惯或地方规范之间得到一个平衡。他不宜把工商贸易发达的大都市的需要加之于农业区域，也不宜把农业地区的需要加之于大都市。一个广大的领域而有地区间不同的地理经济及社会环境，可用一种法来治理，只要那法律具有适应它自己多种不同环境的可能性。因此，关于发展及适用中国法典的技术，必须是适应中国的技术，而非从普遍适合于全世界的观念中移植而来。法律教授必须有足够的宽大胸襟，足够的勇气，用中国精神来教授中国法律。只有中国精神才能使中国法律有效地治理中国人民。"中国有很多才能卓越的法学家、官员、法官以及法律教授。我并不怀疑他们的能力，能使这一发展推进。所以我要说，相信你们自己。除了中国人民自己以外，没有人能够创造出一套中国法律的合适的制度。"[11]

（二）统一的法律解释和法律著述对于促进中国法律发展之必要性

庞德广征博引，以西方法律发达史上的丰富事例并从司法功能的

三个步骤——寻找和选择法律的技术、解释可适用的各个相关法律
条文的意义并将经过适当解释的法律适用于具体的案件——阐述了
法律家或法学家的学理性著述对于法律的统一和发展的特殊重要作
用。他特别强调，现代法典的主要功能即在于提供法学上的新的出
发点。法典的条文不仅要使案件裁判得铢两悉称，还应为新的案件
而为类推的发展，所有这些都有赖于学理的论著和统一的法律教学。
归结起来，"没有法律家（lawyer），也可能有各种法律；但没有法
学家便没有法。没有法律教授和学术性著作给予立法以生命，立法
便会消失其功能" [12]。

　　在庞德看来，中国的法典固然已经有了一个良好的规模和基础，
但再好的法典也不会自己来解释，"即令法典中制定得最好的条文，
也不会适用于其条文下发生的所有案件" [13]。虽然关于现行中国法
典的学理文献，在教材方面，民法各部门似乎都有类似于正文附注
的注解或简单的评注，大略涉及如美国所谓的"要点"（high
point），但并不详尽或未就某些论点而为申论。这里，庞德特别对
于通常容易误解的"注释"一词作了解释：commentary 一词并不是
意指对于法典某些章节的一套注释，这只是发展制定法的最老方式，
是成熟的法律制度所发展出来的；而对于法典的法学上的处理，如
关于原理的阐述，即本理性予以发展，本经验予以引证，是促使一
套制定法发展的最有效方式。法典的解释与适用能够予以统一
（unification），这是中国司法行政上面临的一项迫切任务。

　　庞德还以民法为例来说明中国所面临的法律解释的任务。例如
民法第 1 条规定："民事，法律所未规定者，依习惯；无习惯者，依
法理。"这里所说的"法理"（general principles of law）在西方有多
种含义，而有效习惯的标准在法典上亦无规定，究竟应作怎样的解
释，要从中国的立场出发作彻底的学理上的阐发。第 184 条关于故

意以有背善良风俗之方法加损害于他人的赔偿责任这一规定的适用，在中国是否有专门学术性的处理。第195条所言什么是恢复名誉的"适当处分"。第217条有关英美法上所谓被害人与有过失（contributory negligence）的问题，是否从学说上考虑到能否产生一种学说去减轻损害或在该程序与拒绝救济之间有所选择？能否由此寻找出一个原则予以指导？第153、154、161条规定中有无审量"事件性质"的尺度。第219条所定诚实及信用方法，不能普遍抽象地予以解答，而当本诸地方范式及已接受的中国观念。[12]这些都"需要对于法典的解释与适用求其统一，需要教导一种一致的已接受的技术去发展法典的规定，本权威的出发点为法理的类推，用以指导日常发生的案件"。他进一步阐述道："这种解释与适用的技术是必须教导的东西，使其成长为一种教学传统，使法典的制定足以产生调整关系规范行为的作用，由是而维护和发展文化。这样的教学会产生一种作为法典补充的法学文献，并使法律与社会经济的功能与日俱进。"[12]

那么，如何来发展或推动中国的法学著述和法律解释呢？

庞德认为，现代罗马法是中国法典的基础所在，它已成为一部世界性的法；但作为世界性的法，它还必须证明它能够适用于不同社会政治、经济及地理环境之下的不同民族，并在世界性与地方性之间永久保持一种必要的平衡。因此，任何现代罗马法著述的翻译加上中文的注解，尚不足以适应中国的需要，即使本着世界性的精神来写现代罗马法，也必须要就中国的法律为中国的导论；这里的历史部分特别重要，要叙述关于中国司法的传统背景及其已经接受的理念，这是解释、于相类的权威出发点中去作推理的选择，以及标准的适用各方面最主要的尺度。本着这一思路，庞德建议中国政府组织一个机构，在组织和运作上借用或采取美国法学会（American Law Institute）所致力的美国法律重述工作的经验，进行专门的工作，这就是由庞德亲自草拟和筹划的一项关于中国法律编纂的"庞大的创造性计划"。

根据该计划，庞德建议在中国成立一个由司法行政部门监督和扶助的"中国法学中心"（The Chinese Juristic Center）。中心由会员、理事会、委员会及编纂组成。会员由司法行政部部长在法官、法学教授和有经验有声望的法律实务家以及外交、民政、行政及法律教育等有关方面的代表人员中延聘，人数不宜过多，以保持较高水准为尚。会员每两年召开一次会议，讨论计划与草案。理事由部长从会员中选任，以9人为度，重视其经验、学识与判断，有关不同的见解送请他们作最后决定。编纂应是法学教授中对所属专题有特别识验，能写出畅达精当的文稿，并有充分时间依照各组委员会的意见从事起草工作的人，亦由部长聘任。以上各分支之间都按一定的工作程序进行运作。庞德认为最好直接由他来担任中心的指导（director），组织一个指导委员会并参与其中，并表示愿在一个委员会的指导和批评下承担该计划的起草工作。

庞德强调"中心"的性质应是民间性的机构，其好处是由中心编述的中国法可以无须经由立法的制定或认可，"能保留在任何法制下学术著作的益处，即著作如果确实很好，自有说服性的而非拘束性的权威。他们的推理、法庭及法学教授自会引证，但不能用法律予以限制"。

庞德提出，中心的首要任务是提供一套名为"中国法通典"（Institutes of Chinese Law）的法学典籍，其"宗旨是要把中国现代法作为一个有系统的整体呈现出来"。这个典籍要成为中国法的总纲，有完整的体系，包括中国的宪法、行政法、国际私法、国际法通行于各国的共通部分、海事法、法院组织法、司法法、民法、刑法、民刑事诉讼法及法典的补充法规，综合成一个系统的汇编。每一部分与其他部分关联者，使成为一个整体。卷首为绪论，用分析的、历史的、哲学的和社会学的方法就中国法为科学的导言；接下来就法典制定前的中国法律史、法学思想及现代罗马法作专论性的大纲；再后是现行的中国法典。另外，庞德还就该计划的实施提出了详细、具体的意见并安排了他在编纂工作中的角色。全部编纂工作大约需用两年时间完成。

1947 年 4 月，庞德向司法行政部提出了用以选择的两套编纂计划，一种拟编成五大卷，另一种为七大卷，每卷 1200 页。当局立即决定采用后者。时国民党著名法学家王宠惠对庞氏的计划很感兴趣，曾与谢冠生商谈此事。但他认为该计划过于庞大，考虑到编纂人选及参考资料收集上的困难，或不能按期完成，提出应就我国的实际情况需要为标准酌加修正。

（三）关于中国的司法改革以及法律职业者的地位和作用

关于司法体制，庞德深信中国以法国的司法组织为范本有其合理性。他说："起草中国法院法、组织法的人士，也非常明智地本着现代统一法院的趋势，不把第一审关于民事、商务及刑事的法院分开，仅规定如地方情形有必要，得分设民刑事庭。"[14]但庞德又婉转地指出了中国司法上的缺陷或有待改进之处。他说中国在"法官的独立性"和"律师的善为运用"这两个方面应向英美制度借镜。关于前者，庞德只是笼统地说这方面在英美法国家有彻底的发展，而在世界其他地方包括中国在内则做得要差些，并未对此多作剖析。关于后者，庞德则着重指出了现存的两个严重问题：

一个是中国对于律师的传统偏见，即历史上认为诉讼代理人和辩护人不可信赖甚至不诚实的看法。庞德认为"这种观念的背景是一种时代的错觉"。

另一个就是存在着认为政府可以通过征收诉讼费用从而达到减

少诉讼的这样一种不正确观念。庞德认为，那些不必要的无理请求、虚浮冗长的辩护以及毫无实益的抗辩当然应当减少到最低限度，但不能因此而构成对于有真正充分理由的请求的打击。因为那样做，实际上就是拒绝提供公平的保护，是宪法所禁止的，无异是对公平的出卖。沉重的诉讼费用以及可能遭受的种种打击，会迫使他们抛弃应得的权利，或屈从于一个不公平的和解。"一个政府如果出卖公平或拒绝公平，便于它的首要职务之一有所欠缺。"因此，当事人的负担不应高于法院对他所作工作的实际费用。国家于司法行政上谋取利得，在英语世界被认为是一种虐政。

庞德认为，要消除这些错误观念，关键是要发挥律师公共职务（a profession）的作用。

那么什么是公共职务？庞德解释说，公共职务是这样的一群人，他们从事一种被视为高深艺术的普通职业，并发挥着公共服务的精神；它根本上是一种公共服务，只是碰巧地也可借以谋生。就是说，所得与谋生都是偶然的。这与商业上以逐利竞争为其全部目的，至多偶然地做些公共服务的情形完全不同。在中国，当前所宜首先考虑的就是如何发展并维护这样的理想。

庞德反复强调，律师的职业是一种有学识的职务。律师必须是一个有学识的、受过通才教育的、有良好教养的人，足使他的职业比之赚钱职业更胜一筹。法官同样应该是些受过通才训练的人，能就他们面前所处理的案件中包含的各种关系采取一种高明的观点，并洞悉其中所蕴含的理想及其对行为上的适用如何。不仅如此，凡是从法律学院毕业出来的人都必需认识到：无论律师、法官以及法学教授，都同样是这个公共服务职业中的一员。这样，任何一方所做的，必能为他方作适当的衡量。这中间保存一种必要的制衡。另外，法院与公众也都应理所当然地把法官、法学教授以及执行实务的律师同样视为应受尊重的公共职务的一员，他们应当具有一般高尚的理想和无可怀疑的可靠性。如果执行实务的人受过适当的教育并负责地组织起来，他们便能担当最大的公共服务，从而促进法院的工作并保障其工作妥当而迅速；如果法官能信赖律师，而律师又知道他们如果对职务上应具有的风纪有所欠缺，就将受到严厉而广泛的批评，则法院方面认为其为一严重负担的顾虑，便可解除。

庞德认为，实现上述目标的根本保障在于为法律家提供一种贯通各个法律职业的教育。他精辟地指出，一种单纯的职业训练在不同的职业及生活方式之间造成嫉妒、误解及猜疑，这是社会秩序中最严重困难的根源所在。它只会使人们就自己的观点去看待别人，只就自己的问题与理想去衡量他人，不会去欣赏别人的问题与理想。只有共通的教育才是消除任何职业性嫉妒、误解及猜疑的大溶剂。教育愈广博、愈通达，则这溶剂便愈有效。"一种完全的通才教育，不能求之于每一部门职业中人，但可求之于与司法有直接关系的职业中人。必须把他们的水准提高到超越所有其他职业有生活方式中人可能有的猜疑与误解。律师在中国如能做到现代国家所要求他们做到的事，则整个的律师界必须善为教育。"

（四）关于中国法律教育的改进方案

法律教育问题，实际上是贯穿庞德关于改进中国法所有建议、报告和演讲当中的一个重要主题。在洋洋三万余言的《关于法律教育的初步报告》中，庞德更加专门深入地阐发了现代法律教育的价值和进一步发展中国法律教育的特殊意义。

在这篇报告中，庞德首先讲述了法律教育在现代立宪政府中的地位。他从"宪政团体是法律的政治团体（legal polity）"这个命题出发，指出立宪政体需要法律，而法律又需要有系统的法律教育。"有宪政而无法律，宪政不能有效地运行；有法律而无有系统训练的法官、行政官及法律家，法律也不能发生宏伟的效力。"从西方法的历史来看，"世界各国具有发达的法律制度者，莫不有统一的法律教育；有发达的宪政团体者，同时也有发达的法律制度与之并肩滋长。""倘使我们有一种宪法，有力地指示着官方行动的途径，它不仅是政府组织的规定，同时也成了一种法律文件，那么，凡是执行解释以及适应宪法的人，一律都有接受法律训练的必要。"总之，法律教育是法律的基础，而法律又是建立宪政的基础。就中国而言，要想建立一个永久的立宪政体，关键是要创设并维持一个组织良好而又统一的法律教育。庶几整个的中国法律可有一种研习的传统而确保其发展，从而保障司法的效率和官民之间公正、和谐的关系。这对于负有使中国司法于现代宪政政府下发挥其应有功能的人士，都是一项基本任务。

关于中国的法律教育，庞德敏锐而且特别地注意到了一个令他"殊觉惊异"的现象，即中国的立法者、法官、律师和法学家、法律教师所受到的不同方式的法律训练。他们有的是在美国接受的法律训练，也有的毕业于英国、法国、苏格兰或德国，更多的则是从日本间接地由德国传统里孕育出来的。即使是在本国学习法律的，也并不是依照同一的传统去认识法典，而是由说不同法律语言的教师们所传授的。为此，他反复强调，"中国实在需要彻底统一的法律教育来讲述中国本位的法律"，因为，这时在法律方面所要做的，不再是研求他国法律中理想的规定，就每一细节，力图模仿外国，求取最时髦的法律，而是由法学家对立法作学理上探讨及运用判例，根据经理性启发的经验来配合特定时间、特定空间的实际生活。如将他人之制度、原则及规律移植本土，而不了解其过去的历史及经验的过程，实际是一种错误。

总之，统一的法需要有统一的法律教育。要使中国已有的法典彻底成为中国所有的法律，要使法典得到统一的解释与适用，就必须要有从统一的讲授传统中培育出来的优良的法官、律师和法学家为前提，需要发扬法学文献（juristic literature）和统一的法律教育的功用才能做到。一个统一的法律教育在中国法方面是一个最迫切的问题。

庞德认为，法律教育的目标究竟是专在培养法官和律师，还是应当同时包括师资、普通文官及外交官，是否应设专门的学校或者学系，来分别培养上述人员，抑或一种共同的法律训练，对于这些问题，应予专门的研究。"但观乎中国之情形，无论如何，法律学院的普通训练，既是日后专门训练的基础，自应一律施诸法官、法律教师及从事实务的人。"

除此之外，庞德还就中国方面向他提出的许多的具体问题表明了自己的看法。

（1）应否设置独立的法学院，抑或以之为大学之一部，或两者并存？庞德认为基本政策应在大学设立法学教授团，作为大学的一部分，无须设置单独的法学院。不过，目前中国由于特殊情形，一时或许需要设置或维护若干独立的法学院，以便法律学生受到学术空气的熏陶，启发他们的职业精神。

（2）关于学生数量多少的问题。庞德以为，所谓某人有"法学才具"并可以某种方法测验是荒诞之说。中国现在需要足量的经过良好训练的法律家，以充实司法界、学校及行政、外交机关，除应有良好的预备教育外，无限制学生人数之必要。

（3）关于设立法律夜校问题。中国法律教育正在初创时期，法律夜校确有其用处；但今日法律课程日益增多，因此，法律夜校不可能为学生提供适当的训练，至多只能作为一种临时措施。

（4）学习法律的年限。庞德强调最应注意考虑两点：一是法律是一门渊深的学问，故律师应有良好的教育；二是开始从事法律职业时应在 25 岁以下，并历大约十年之功而取得成就。因此，最理想的目标是，一个学生在 22 岁时完成全部大学教育，再经过 3 年法学院专业训练。为培养法学师资等人员的研究院训练，年限可较短些。

（5）关于入学条件。仍以上列两点考虑为基础，施以广博的普通教育；切记在预备阶段特别注意语文训练；又因司法人员以维护民族正义为职责，最好通过文学了解该民族的文化及其性格与理想。西方有希腊罗马文学，"中国有其自己的经史子集，纵无决定中国文化的功效，至少已经渗入了中国的文化。圆通的中国教育，决不能疏忽中国的经史子集"。最后，习法者须懂得有层次地思索与理解，知道怎样细密分析、明辨类别和正确演绎。总之，学生在入法学院时，需要有良好的大学教育。

（6）每一科目应需若干小时，这要视标准课程表的方式及其详细内容而定。

（7）关于运用"案例方法"（case method），不能惟一地用作法典法的教学方法，可在某些学科（如国际私法等）中翻译并使用标准的美国案例汇编。

（8）法律研究院。设置法律研究院的重要性没有疑义，但设立独立的法律研究院，另添校舍、图书馆、教授，将发生许多重复，实属得不偿失。

（9）法学教授的地位。中国需要训练及造就最好的法学教授和法官，教授和法官的职位必须稳固，并须设法诱致法律界中最有才能的人才。"自今而后，用于研究外国法典及外国法律制度以其在纸面上具有最新立法及最优法律制度的心力、财力，最好改用扶掖法学院及法院，使能充分发达，以达成统一的中国法律。"

（10）法律图书馆。法是一种教学传统，而其传统的最大储藏便是图书馆。具有现代法典国家的学理著述，为阐发中国法典所必需，亦为写作充实的中国学理性论著所必须参考，自应先备置。

四、结　语

纵观晚清以降，在为官方所推动的中国法的近代转变过程中，一直伴随着来华外国法学家的身影。从光宣之际的冈田朝太郎、松冈义正、志田钾太郎、小河滋次郎，到民国时期的古德诺（F. J. Goodnow）、有贺长雄、韦罗贝（W. F. Willoughby）、韦罗壁（W. W. Willoughby）、宝道（Georges Padoux）、爱斯嘉拉（Jean Escarra），未曾间断，庞德于 1940 年代末来华作为中国政府的法律顾问，则是中国近代法律史上西方来华的最后一位法律顾问。

中国近代的法律改革始于晚清修律，到 20 世纪 30 年代，法典编纂以及相关设施的建设框架均已基本告竣。从欧陆法律的历史发展来看，通常当一国的法典体系构造完成之后，法律解释和司法审判活动方面的诸多适用成文法典的技术和与此相关的制度等问题，便迅速上升为法学家关注的焦点。当时中国法的发展正处于这样一个历史阶段。从这个意义上讲，一方面，庞德来华后对中国法所作的观察和评价，带有一定的回顾和阶段总结的性质。他对近半个世纪以来中国法的近代化建设基本上持积极肯定的态度，特别是在采用世界最新法典方面所取得的成就。另一方面，他也不失时机地指出了当法典化完成后所应着力从事的进一步工作，这主要是促进统一的法律教育，使法律职业建立在一种广泛而共通的教育背景之上；通过实施诠释法典的计划来发展法律解释；提倡法律著述；加强法官审判的独立性；重视律师的作用，以此来推进司法的发展。庞德提出并要致力解决的这些问题，与此前来华的外国法律顾问所面临中国法上的问题已然不同。

　　随着大决战隆隆炮火的逼近，1948 年 11 月 21 日，庞德在美国使馆的一再催促下离开了中国，这使得他所要致力的一切改进中国法的方案都迅即化作了泡影。哈佛大学法学教授梅伦（Arthur Taylor von Mehren）在评价庞德来华充作顾问的成就时指出：

　　　　中国大陆上的事变固已使庞氏留下的踪迹荡然无存；在台湾可能还有些存留，纵然这岛上整个环境并未导向于法律的改革，因而我们不易衡量庞氏对于有效率的及统一的司法行政所努力的成果如何。

　　　　在中国，庞德面对一个社会，那里对社会规范的历史经验及其价值观念，与西方的经验与假设关于法律观念有着基本上的歧异。本世纪之初，中国的处境希望有一套新的法律用比较法的研究加以抉择。他不特要把承接过来的法规及原理去适应地方的环境，更要把承接过来的社会规范移植到不相同的传统社会。其困难是显而易见的。中国同时从大陆及普通法国家借镜，特别在法律教育方面，这就增加了复杂性，国内的法学家与法律教授并未致力于统一的训练。

　　　　庞德的方案也许是中国在 1948 年的环境唯一可能成功的途径：改革法律教育，旨在把法律专业的研究与司法连贯起来，并求技术上的发展，使陌生的制度及法规得以适应地区的环境，同时维护文化价值。本此目的，庞德建议一项教育制度，包括现代法典的研究及他们司法的及学说上的发展，及英美法的研究，同以其对中国法有贡献为依归。学生应使"与中国生活密切接触"、而所有移植过来的法律资料，必须与此相融合，其道在就中国传统的制度与观念作共相伴随的研究。[15]

实际上，我们应当看到，在1940年代的后期，中国的内外局势正在发生着复杂而重大变化。庞德此时受聘来华，就不仅仅是一般地为战后中国法制的重建出谋划策，其背后显然还隐含着现实的政治意义。庞德在华期间，受到了最高当局极优厚的待遇，同时他也担负着直接为最高当局提供宪法意见的重任，主导性的舆论也对庞德来华给予了前所未有的颂扬，对于这一点，只要看一看《中央日报》在《欢迎庞德教授》的社论中的几段文字就很清楚了：

> 中国政府聘来了庞德教授，是中国法律界的光荣。我们不但感觉光荣，我们有绝对的必要，接受庞德教授的意见，作为我们改造中国的实体法和程序法的指针。……
>
> 我们理解了庞德教授学说的重心，就可以推定庞德教授实验主义的法学，将改正我国一般法学家与法律实务家若干基本观念，将指点他们对于中国实际社会具体的生活规律，在实体法与程序法上有充分的反映。如若我们能够接受庞德教授的影响，则我国的法律学与现行法必将开一新时代纪元。……
>
> 杜威先生从前来到中国，对于中国新文化运动给予宝贵的影响。庞德教授今日来到中国，对于中国新法学的建立，其影响必将相等。杜威先生是实验主义的论理学、伦理学、教育学家。庞德教授是实验主义的法律学家。他们对于中国的贡献，都是在纠正教条主义、形式主义和重外轻内、舍己从人的倾向，都是在引导中国学界走上革命与创造的路程。庞德教授留驻中国的时期虽短，但是他在这短时期以内，必将指点中国的法学家与法律学，成为社会工程学与社会工程师，适应中国社会迫切需要。影响之深长是可以预卜的。[16]

这篇社论对庞德的来华表现出无以复加的捧扬令人感到惊讶，庞德似乎成了中国法制改革的总设计师。几乎中国法制的未来，全寄托在庞德及其学说上。

既然蒙受主人的隆恩厚爱，自然要为东家多多美言。庞德受最高当局之托，为中国宪法发表意见，庞德努力维护中国传统价值的基本态度反映在对中国宪法的意见中，就是极力维护现行宪法的合理性。这在当时立即遭到一些舆论的反驳。庞德关于中国宪法意见的文章发表之后，上海《大公报》即发表社评和文章，以极激愤的言辞予以批驳，将庞德提出的"总统集权的五权院制合于国情""内阁制不合于国情""民主不能移植"的观点视作"外毒"。由此我们可以真实地感受到当时在宪政领域的斗争中处于不同立场下的意见冲突之激烈。

当然，如果以一个具有极丰富的比较法知识背景的法学家看待中国近代法的角度来看，他对中国法的近代建设所抱有的某些观点、态度和倾向，仍然是值得我们认真对待的，特别是在他的一系列建议和报告当中指出的某些问题，例如中国法律职业训练背景的不一致，特别是接受外国法训练的多样化，关于法律解释的重要性和提倡法律著述，还有关于改进法律教育方面的意见等，抛开其政治立场，至今仍有其现实意义。庞德去华至今已经过去了半个多世纪，可他提出的这些问题并不因此而消逝，它们也正是我们目前面临的需要迫切解决的问题。我想，这可能就是今天研究庞德关于中国法改进建议的现实意义吧。

[原载《现代法学》2001 年第 5 期]

【1】 此文后来被收入吴氏于 1928 年由上海商务印书馆出版的一部英文法学

文集《法学论丛》(*Judicial Essays and Studies*)。

【2】 王健:《超越东西方:法学家吴经熊》,《比较法研究》1998 年第 2 期。

【3】 北京图书馆:《民国时期总书目(1911—1949)·法律》,书目文献出版社 1990 年版。

【4】 刘焕文:《在"百家争鸣"中谈旧法思想》,《华东政法学报》1956 年第 2 期。

【5】 华友根在《中国近代法律思想史》下册的第十四章第四节"庞德的社会法学派思想及其在中国的影响"里,把庞德社会学法学派思想与中国近代法律思想的发展演变联系起来,但主要是对法律教育方面的介绍。

【6】 华友根:《中国近代法律思想史》(下),上海社会科学院出版社 1993 年版。

【7】 此信原件由谢冠生收藏,谢并藏有与庞德的通信及庞氏在华演讲和所做报告的原文(包括庞氏的手迹),其中部分经谢提供,由张文伯发表于他的《庞德学述》一书。

【8】 张文伯:《庞德学述》,台湾国风社、中华大典编印社 1967 年版。

【9】 刘正中:《庞德与中国之法制》,《法学》2000 年第 12 期。

【10】 倪征燠在他的回忆录《淡泊从容莅海牙》(法律出版社 1999 年版,第 96 页)中也记述到,他受派赴美考察司法曾于 1946 年初去哈佛与庞德联系聘任之事的具体安排。

【11】 〔美〕庞德:《法律与法学家》。

【12】 〔美〕庞德:《改进中国法律的初步意见》。

【13】 〔美〕庞德:《中国法律教育改进方案》。

【14】 〔美〕庞德:《法院组织与法律秩序》。

【15】 〔美〕梅伦:《庞德与比较法》,载《哈佛法律评论纪念专集》,1964 年。

【16】 社论:《欢迎庞德教授》,《中央日报》1946 年 7 月 3 日,第 2 版。

散 论

晚清外国法规的翻译

　　大家好。我非常有幸参加这个高雅的文化活动。对我个人来讲，参加这个活动至少有三大收获：一者，参加何勤华教授和商务印书馆组织的这个活动，能够从中得到学术精神上的鼓励和鞭策；二者，又有机会聆听李贵连老师的教益，并分享诸位的高见；三者，得到这部整套的、珍贵的图书，对个人今后的相关研究，大有裨益。所以非常感谢会议的主办者。

　　《新译日本法规大全》经华东政法大学法律史学科团队的重新勘校，在北京商务印书馆的支持下再版重印，这实为中国法律史学界一件值得欣庆之事，对于日本的法学界，也应该是一件有意义的事。华东政法大学和商务印书馆为传承文化、保存珍贵文献和积累学术资料又作出了新的贡献，应当得到法学界的深切致意。我深信，《法规大全》的重印，对于中国近现代法学史、部门法律史、法律思想史以及近代中日（外）法律文化交流，或者中日交往关系史等领域的研究，都将起到积极的推动作用。

　　借此巨著问世之际，华东政法大学法律史研究院和商务印书馆联合举行首发式，并探讨中国近现代法学作品的翻译问题。我也借此机会，在临来之前，花了几天时间，动手动脚翻阅资料，对晚清翻译外国法规的有关情况，稍微做了一个粗略的梳理，在这里向大家汇报，希望批评指正。

从现有的文献材料看，最早的外国法规译本，是道光十八年（1838）译成中文的一部有关英国监狱管理的法令。该法令是英国1835年颁布的，篇幅不大，仅有17条。译者是当时来华的大名鼎鼎的新教传教士郭实腊。他在《东西洋考每月统记传》里介绍英国近代狱政制度改革家霍华德致力推动欧洲监狱改革成就业绩的时候，附上了这部法令，登在1838年九月号。

到了清光绪六年，即1880年，同文馆聚珍版刊印了该馆化学教习毕利干主持翻译、馆生时雨化笔述的《法国律例》六函四十六卷（每卷一册，总计4780页）。全书包括法国的"刑名定范"（刑事诉讼法）、"刑律"（刑法）、"贸易定律"（商法）、"园林则律"（森林法）、"民律"（民法）、"民律指掌"（民事诉讼法）六种法律，气势恢宏、卷帙浩繁。这是我国首次系统翻译西方法律，是大陆法规范体系第一次输入中国，也是整个19世纪翻译西方法律规模最大的一次尝试。这部法典应该是从法文翻译过来的。但中国译者只是起了次要的角色，因为到目前还没有任何资料表明时雨化这个人后来在介绍和传播外国法方面有什么业绩。

甲午战争以后，西方法规的翻译渐渐多了起来。

首先，从翻译外国法规的数量来看，根据徐维则的《增补东西学书录》（1902）、顾燮光的《译书经眼录》（1902—1904）、谭汝谦的《中国译日本书综合目录》（1979）几部新学书目的记载和相关的查询，从1838年，特别是在1880年《法国律例》问世至1913年这一期间，外国法规的译本有120余种。我把它列了一份书目表附在后面。这些译本大部分是晚清最后十年间出现的，而有些书的具体情况，比如出版时间，还有是否刊印等问题，还有待进一步的考证。值得注意的是，在这份表上，修订法律馆的译本就有 56 种，几占总量的一半。我多年来比较注意修律馆众多法规译本的所在，但基本上没有什么效果。这些法规草案的译本究竟在哪儿呢？令人着迷。

其次，从这 120 种法规译本的国别情况看，有关日本的法规有 57 种，大约占总量的一半，是最多的，德国 14 种，英国 13 种，法国 10 种，美国 7 种，奥地利 5 种，瑞士、意大利均为 2 种，俄罗斯、荷兰、普鲁士、葡萄牙、西班牙、罗马尼亚、印度、新加坡各为 1 种，其他 3 种。虽然这里说的是某国的法规，但译本并不一定直接来自该国，事实上有不少法规是由日文转译过来的。

再从法律样式的角度看，属于民法法系的约占总量的 80%，普通法法系只有 20 种。民法法系的译本明显占居主导地位，这和我国近代法律样式的选择和建立是以民法为蓝本正相呼应。外国法规译本的内容范围，除了《法国律例》《法国六法》《德国六法》《日本法规大全》《日本六法全书》等 10 余种综合性法规汇编译本外，宪法、行政法和司法组织法约为 41 种，国籍法 9 种，刑法、刑事诉讼法和监狱法 19 种，民法 10 种，法德英美日国公司法、破产法、商法、海商法、税法、银行法、票据法 18 种，民事诉讼法 10 种。可见，翻译外国法的内容范围，遍及了西方现代法律系统当中的各个分支。

这里顺便要说的是，关于清末翻译国外政法类书籍的规模，到目前为止，一直都没有一个比较准确的统计。我们也知道，在 1895 年至 1912 年这段时间，是中国制度邃然转变之关键期。这一时期在朝野的积极倡导和推动下，如张之洞和梁启超，我国模范日本等列强，编译了大量的日本政法书籍，对于社会转型具有重要的影响和作用。可是这个时期究竟编译了多少种日本政法书籍，目前也同样是没有系统的研究。徐维则和顾燮光的书目只提供给我们 1904 年之前的新书出版的基本情况，而当时正是新书数量巨增的时代。谭汝谦的书目虽然收录新书的时间范围比较大，但又仅限于中译日本书，不涉及别国，而且即就日本，也仍有遗漏。

从《增版东西学书录》当中记载，截至 1902 年，包括史志、政治法律、交涉等方面的书籍有 560 多种，其中译自日本的（或日人著述，或日人译自西方）政法书籍至少有 60 种（有些书译本所自待考）。《译书经眼录》收录的 1902 年至 1904 年间的政法类新书200 余种，其中列在史志类下的 126 种，法政类下的 71 种，交涉类下的 9 种。此外，还有国人依据日本资料辑著的 30 余种。谭氏的《中国译日本书综合目录》（1979）统计，1896 年至 1911 年间，中译日本政治类书籍 96 种、法律类 98 种。综合以上情况，我估计清末编译国外政法类书籍的总数至少应在 800 种以上，外国法规只是其中的一个重要部分。

以上是晚清翻译外国法规的一个大体情况。

外国法规译本在历史上的作用如何？我初步的印象是，这中间有一个变化发展过程：在洋务运动期间，翻译外国法规的数量极其有限。《法国律例》这部书，洋务大臣和一些启蒙思想家肯定都能读到，但从现有材料看，并没有留下什么记述，影响也很有限。梁启超倒是阅读过这书，略有感慨。到了 20 世纪初新政谕旨发布之后，情况发生了很大变化。朝廷要求军机大臣、大学士、六部九卿、出使各国大臣和各省督抚，各就"如何而国势始兴，如何而人才始盛，如何而度支始裕，如何而武备始精"等重大问题各举所知，各抒己见，并要求两个月内迅速提出改革方案来。这个时候翻译外国的典章制度就迅速成为一种变革社会的迫切需要。举凡"朝章、国政、吏治、民生、学校、科举、军制、财政"都需要进行变革，或者说直接为满足在新政条件下制度创建的需要。因此，这个时候的翻译有着政治上的和社会变革的迫切需求。修律谕旨中也说要"参酌各国法律"来修改清朝的"一切现行律例"。沈家本在主持修律时，也明确提出了"首重翻译"的指导思想，而且这里所说的翻译，显然指的是外国的各项法规。

当此之时，外国法规的翻译与译介西方政法之学同步进行，不仅有法学各个分支学科的专书，还有编译的教科书，以及专门的法规字解、政法辞典等类型。贺学海编的"浙江法政学堂讲义录"，内容包括民法总论、国际私法、刑法、商法、裁判所构成法等，在1908年9月至1911年2月间连续出版了9种。汪庚年编的京师法律学堂笔记更成规模和体系，自1911年7月至1912年4月共出版20册，包括法学通论（宪法、行政法）、刑法总则、刑法分则、民法总则、民法物权法、民法债权法、民法债权法各论（亲属法、相续法）、商法总则、商法（会社法、商行为法）、法院编制法、刑事诉讼法、民事诉讼法和破产法、国际私法、国法学、平时国际法、战时国际法、监狱律学。上海益群书社1907年出版的日本清水澄的《法律经济辞典》，张春涛、郭开文译，1909年再版，1914年第4版。日本田边庆弥编《日本法律经济辞典》（148页），王我臧译，上海商务印书馆1908年10月初版，1910年8月第7版，1913年第14版。《日本法规大全解字》1913年12月就达到了第19版。正是因为这些教科书和辞典的大量传播，从一个方面使得翻译的外国法规获得了生命力。

深入整理和研究晚清中译日本政法文献，不只具有学术上的意义，也应该具有实践意义。我们都知道，学术研究，尤其是正统的史学研究，总是逐文献材料的整理开发之后而得以向前推进的。即王国维所谓的新材料带来新学问。我以为，随着研究的不断深入，系统全面地收集和整理这个时期的中译日本政法书籍十分必要。因为这不仅涉及当时的译书情况，而且对准确估计日本对中国政法制度的建立和影响也是有意义的。而这样做的一个基本工作，就是搞清楚晚清到底翻译过日本多少种政法书籍。研究晚清的法律改革有两苦：一者苦于材料太多，浩如烟海；二是又苦于材料太少。前者，仅从各种著录中可知当时文献资料浩如烟海，往往从标题名称，即可知对研究某问题非常有用。然而，若想找来翻看，则难上加难。近年来，史学界和法学界颇多注意整理和出版近代珍贵文献，多有积累，成就显著，如上海古籍出版的《日本政法考察记》《游历日本图经》《日本国志》，还有台湾文海等出版公司极具规模的"中国近代史料丛刊"，收集整理和保存了大量极为珍贵的近代文献，为我们开拓或深化相关研究领域提供了不少有用的材料。可是，尽管如此，我们在从事某项课题研究时，仍往往有"文献不足征"之感，总因为有些材料得不到手而不能解渴的感觉。所以，我期待近代政法文献的收集和整理出版，能够得到更多方面的关注和支持。作为一名法学教学研究工作者，更期待着商务印书馆在这方面有更大的作为。

[本文系参加 2009 年 8 月 11 日于上海举办的"中国近代法学作品翻译与引进"学术研讨会暨《新译日本法规大全》（点校本）首发式的发言]

《法国民法典》 的第一位中国译者

1909 年年末，沈家本又一次向朝廷报告修律馆译书的进展情况，内称法国民法的总则、身份证、失踪以及亲属几部分条文的翻译已经完稿。那么这个译本是由谁来完成的呢？查现存修律馆所印《法兰西民法正文》（或称《法国民法正文》）一书，上面印有译者名为陈箓。在中国的近代法律史上，此人记述无闻。陈箓究竟是何许人呢？

考诸文献，可得关于陈箓的两条记载：一是，在徐友春主编的《民国人物大词典》（1991）里收入的陈箓的人名词条。另一个则为陈氏的两个女儿润琼、培琼，经多方搜求考订，并将如今仍在上海的大姊谖琼之子汪尧昌手里珍藏完好的陈氏诗文加以整理汇集而成的《止室（任先）先生年谱·诗存》一书，该书 1995 年由台湾文海出版公司印行，属于沈云龙（1910—1987）教授主编的《近代中国史料丛刊》之一种。人名词条和后者当中的"止室先生年谱"，都对陈箓的生平事迹作了比较完整的介绍，但后者要更详细些。

依据"年谱"大略可知，陈箓，字任先，晚号止室，清光绪三年（1877）生于福州闽县的一个名门望族之家。1891 年考入福州马江船政前学堂学习法文，1894 年负笈武昌自强方言学堂，并于 1899

年毕业。后曾充任学堂法文教习和张之洞所办的湖北译书局译员。1901 年后奉官方遣派游学法国，入巴黎法律大学。清廷派载泽等五大臣出洋考察欧洲各国宪政，时在法国的陈箓被调充随员，于是游历了英、德、奥、意、瑞、比诸国，其间编译过《意大利宪法》《十国宪法比较》等书。事毕，调升海牙万国保和会参赞兼驻荷兰使署三等参赞。光绪三十二年（1906）于巴黎大学毕业，获得法律学士学位，三十三年（1907）冬回国后，外务部调充储才馆学员兼法部制勘司行走。次年（1908）又兼修订法律馆纂修、宪政编查馆编纂、京师大学堂法文和民政教职。是年秋应学部出洋游学毕业生考试，取列最优等第二，赏法政科进士。宣统二年（1910）授翰林院编修，外务部奏补郎中，充庶务司主稿，旋升考工司掌印。民国元年后长期在外交部门供职。曾于 1914—1915 年作为全权专使赴恰克图出色地完成了中俄关于外蒙问题的交涉谈判，以后又担任过驻法国全权公使、国际联盟中国代表、南京国民政府外交部顾问（后改聘为条约委员会副会长）。1938 年被日伪"维新政府"宣布为外交总长，1939 年 2 月 19 日在上海被刺。

陈氏精通文墨，喜爱诗词。传世之作主要有《恰克图议约日记》《驻扎库伦日记》，极有史料价值，上海商务印书馆将此二者合为一册，名《蒙事随笔》于 1934 年出版。此外还有汉译《蒙古逸史》《法文文牍程式》和法译《阅微草堂笔记》。

人名词条与"年谱"的记述大致相当，只在个别之处详略有异。按词条所记，陈箓"1891 年入马江船政学堂，后被开除学籍。1894 年入铁路总局附设矿化学堂，越三年，学堂裁撤。1898 年入自强学堂，1901 年冬毕业，留校任法文班教习。1903 年 4 月，护送留学生赴德国，事毕赴法国。翌年入巴黎法律大学。1907 年获法学士学位⋯⋯1939 年 2 月 19 日在上海寓所，被国民政府军事委员会调查统计局特工人员刺杀"。

此外,"年谱"说 1908 年陈箓应学部游学生试,考列最优第二。但据当年《教育杂志》第十五期公布的法政科进士名单,陈箓的名字位居榜首(另有五名依次为廉隅、朱献文、黄德章、程树德和李盛衔)。

从经历上看,陈箓早年学习法文,后来又负笈法京上痒攻读法律。在仿行立宪、推行新政的时代潮流中,这种既通晓西文、又曾受过西法训练的专门人才炙手可热,他们往往成为外务、法部和修律馆等部门竞相聘请的对象。修律大臣沈家本不惜重金延揽法科游学生,帮同翻译外国法律,陈箓便是其中之一。陈箓于 1908 年受聘修订法律馆担任纂修,也由此承担了翻译法国法的重任。可见,陈箓翻译《法国民法典》,从工作性质上,完全是为了晚清政府制定新法的需要而提供可资借鉴的外国立法资料。这与先前馆译本《法国律例》问世的背景已有根本的不同。

早在《法兰西民法正文》问世大约 30 年前,即 1880 年,时任同文馆化学教习的法国人毕利干(Anatole Adrien Billequin,1826—1894)就主持译出了《法国律例》六种(内含法国的刑法、刑事诉讼法、商法、民法、民事诉讼法和森林法),该译本规模庞大,卷帙浩繁,是为我国汉译法国法典的第一次尝试。法国法的引进在当时虽然得到了官方的支持,但极可惜的是,该译本在刊出之后并未受到应有的重视和利用。此外,当时参与译事的同文馆生员石雨化,虽说是目前可知的中国最早接触法国法典翻译工作的人,但他的作用只限于做中文文字上的记录或修饰,尚未在沟通中西两种法律语言之间充当主角。

陈箓则首次独立承担了法国民法的汉译工作。据学者的研究,陈氏提供的这个译本明显地优于馆译本《法国律例》,它全无馆译本里那些晦涩难通的字句，特别是与后来的《法国民法典》译本相较，陈氏译本所用的语言在法意上已与今天的翻译"相差无几"，其译文与译意均能令今人理解无误。这意味着，本世纪之初，我国近代的民法术语、概念已经开始出现。还有一点同样重要，即修律馆的《法兰西民法正文》译本，是头一次由中国人独立完成的，它的问世，反映了中国这时已经具备了独自翻译、了解和吸收外国法的能力。

陈箓一生当中主要从事外交活动，几与法律职业无涉。但我以为，他在事业生涯上的亮点，并不仅限于他在中俄关于蒙事的出色谈判上。除此之外还应看到，在晚清法律变革中，他为引进西方的法律作出过贡献；对于《法国民法典》在中国的传播，或说在中法两国间的法律文化交往关系史上，都有其特有的地位，他是世界著名的《法国民法典》的第一位中国译者。

不过，也许是出于事务繁忙、无法保障译事不间断地进行或其他的种种原因，陈箓的译本尚不是法国民法的全译本，后由修律馆所印行的《法兰西民法正文》仅为原书的第一编（人）、第二编（财产及所有权之种种变动）及第三编（取得财产权之各方法）之一部分（该编的第一卷，第二卷至第二十卷则付阙如）。今天，当我们面对着陈箓遗留下的这个不完整的《法国民法典》译本时，除了令人在心头掠过一丝遗憾之外，再就是多少让人感觉到当时学习和引进外国法的浮泛、仓促和被动。

［原载《法学》2001 年第 5 期］

超越东西方： 法学家吴经熊

闪现在我脑海中的念头，是心灵与经验相碰撞而生出的小火花。它们不召而来，又婉拒邀请。

法律是理想与现实的契合点，就仿佛莲花，它的根深深地植入泥土，而花苞和花瓣向天空伸展。法律是一种把物质利益的摩擦转化成理想物之光的艺术。

——吴经熊

1929 年 12 月 28 日，黄浦江畔寒风袭人，东吴法学院的全体学生齐集码头，立雪情深，去思依依。东吴大学校董会董事长江长川先生与法学院的教师职员等，一起登上了停靠在岸边的克里夫兰总统号邮轮，与一位法学家热烈地握手送别。邮轮届时起航，只见鞭炮声里，微波荡漾，汽笛一鸣，这位法学家满怀眷恋之情，扬巾分袂。此行是由于哈佛大学和西北大学频电敦促，他以谊不可却，并想借此弘扬本国文化，而前往这二校掌教讲学。他是我国受聘哈佛任教的第一人，又是继剑桥大学霍兹沃思教授和国际法院波特曼法官之后，担任西北大学罗森泰（Julius Rosenthal）讲座教授的第三

199

人。独享此种无上殊荣的这位法学家当时年仅 30 岁，他就是吴经熊博士。

吴经熊，字德生，英文名为 John C. H. Wu，1899 年 3 月 28 日出生于浙江鄞县一位开钱庄的商人之家，早年父母双亡。6 岁时起，他开始接受中国传统式的启蒙教育，阅读"四书""五经"一类的书。9 岁时开始学习英文，以后又接触到一些西方近代的自然科学知识。1916 年吴经熊考入上海沪江大学（Shanghai Baptist College）学习理科。不久就在同学与好友徐志摩的相约下，转入天津的北洋大学（Pei-Yang University at Tientsin）法律预科，但他只在北洋大学读了一个学期便又返回上海，并在 1917 年秋进了刚刚创办 2 年的东吴大学法科（Law Department of Soochow University）。吴经熊在东吴读书期间，学业相当优秀。同时在笃信基督的教务长兰金（Charles Rankin）——他是东吴法科的创办人——的感召下，他对《圣经》发生了兴趣，而且接受了卫理公会教堂的洗礼。1920 年吴经熊作为东吴法科的第三届学生毕业，获法学士学位（LL. B.）。

1921 年，吴经熊赴美国密歇根大学法学院深造。由于有出国前的预科和 3 年完整的美国式的法律训练的准备，加之他的学业成绩出色，一年之后，便越过硕士而获得了法学博士学位。这一年，他在《密歇根法律评论》上发表了他的第一篇法学论文，这是一篇关于中国古代法律材料的译述性论文，题目是《中国古代法典与其他中国法律及法律思想资料辑录》（Readings from Ancient Chinese Codes and Other Sources of Chinese law and Legal Ideas）。在这篇文章里，他以积极的态度描述了中国古代的法律图景，并试图以丰富发达而且具有深刻反思的中国传统法律向世界证明："中国的法律思想足以接受近代的社会学法学。希望列强放弃把治外法权和领事裁判权施加于这个最早论及自由与正义的国家之上。"文章发表后，

吴经熊即致信在美国法界享有盛名的联邦最高法院霍姆斯（Oliver
W. Holmes）法官，并很快就得到了这位大法官积极而认真的反应。
霍姆斯感到这是一个不同寻常的可造之才。就这样，在一位当时已
有 80 高龄的大法官和一位年仅 22 岁的中国年轻学子之间，开始了
一段充满热忱与智识的书信往来。在后来大约 10 年的时间里，吴经
熊一共收到了霍姆斯法官的近 70 封书信，而这在他本人看来，"是
一生当中最有意义的一件事"。

由于有卡内基世界和平基金会所提供的国际法研究项目资助这
样一个机会，1921 年，吴经熊来到法国巴黎大学，开始研究国际公
法。不久，他就用法文写出了《国际法方法论》（La Methode du
droit des gens）、《成文国际法》（Le Droit des gens positif）和《论自
然法》（Droit Naturel）三篇论文。在这些论文中，吴经熊研究了西
方历史上自然法思想的渊源和流变，并用他自己的语言表达了西方
传统的自然法观点。例如，他认为自然法是生命的动力，是使事物
得以发生和再生的主因，它具有绝对性、不变性、永恒性和创造性
的特征。以此，他把理性和人性作为国际法存在的根源，把自然法
精神视为国际法背后的推动力量。

1922 年吴经熊又前往德国柏林大学，投师于新康德主义法学的
创始人施塔姆勒（R. Stammler）门下继续从事哲学和法理学研究。
在那里，他详细地分析和比较了施塔姆勒与霍姆斯二人在法学思想
与法学方法论上的差异，并通过 1923 年 3 月《密歇根法律评论》上
发表的论文《霍姆斯法官的法律哲学》（The Juristic Philosophy of Jus-
tice Holmes）和依据此文稍加修改并以德文发表的《法律哲学中的
认识问题》（Das Erkenntnisproblem in der Rechtsphilosophie，1924），
努力对霍姆斯与施塔姆勒的"知觉与概念、转变的和已形成的、内
容与形式、利益学说与正义理论、经验与理性"这两种成分加以协

调。这篇德文论文的发表，引起了施塔姆勒和德国另一位法学家欧根（Eucken）好意的反应。施塔姆勒针对此文写了一篇《关于法哲学的问题和方法》（The Question and Method of Justice Philosophy），同样发表在《密歇根法律评论》上。他认为，吴经熊在这篇论文中所讨论的问题，抓住了法哲学方法问题的根本，并表明了他与吴经熊一致的看法。欧根教授则给吴经熊的信中说："你对那些思想领域有着如此广博的认识和独立的思考方式，以至于令我乐于深入到你的思路当中。我感到尤其值得注意的是，一方面，你与康德的思维方式保持着密切的联系；而另一方面，又努力经由康德更加向前迈进，因此，所有重要的概念都被赋予了某些异乎寻常的含意。"

1923年秋，吴经熊得到了哈佛大学法学院的一个法律研究项目，重返美国。当时，哈佛法学院院长庞德教授在美国法学界的影响正盛，而他所竭力倡导的社会学法学思想很快就吸引住了思维敏锐的吴经熊，并促使他开始关注法律发展的社会心理因素。在1924年《伊利诺伊大学法律评论》上发表的《论庞德的法哲学》（The Juristic Philosophy of Roscoe Pound）这篇文章中，吴经熊坦率地表露出了他对庞德法律思想积极支持的态度。他把庞德着意关注的法律的社会功能的问题，即"重点从以法律条文本身为中心，转移到社会对法律条文效果的要求"这一思想，比作在法律思想领域中的一场"哥白尼式的革命"。而他在评价庞德的社会利益说时又说："作为立法的理论依据，以及作为司法判决的准则，我不知道还有哪个理论能像社会利益学说同样的精致、广博和可靠。"这一称赞，丝毫不逊色于帕特森（E. Patterson）对庞德是说所作的评价——帕特森推崇说：庞德的社会利益学说，"至少可以像门捷列夫的化学元素表所起的作用那样"。

1924年春天，博览群书、游学足迹遍及欧美著名学园的吴经熊回到了祖国，开始将他多年历练而成的才智回报给这个与自己血脉相连的家园。他担任了母校东吴大学法科的教授，兼任上海公共租界工部局法律顾问。1927 年 1 月 1 日，他被任命为上海特区法院法官。在收到聘任书的当天，他即写信给霍姆斯说："我会有很多的机会在法院表现创造力，我将设法使中国的法律霍姆斯化。"同年，东吴大学法科改名为东吴大学法律学院（Law School of Soochow University），吴经熊作为"东吴大学最优秀的毕业生"担任了法律学院的院长（principal），这是鉴于南京政府"收回教育权"的要求，即包括私立在内的大学应由华人担任校长而新设的一个职位，直到1938 年。1928 年春，他成为南京政府立法院的立法委员。几个月后，他又被任命为司法院法官。1929 年当他 30 岁时，又被任命为上海特区法院院长。

1928 年，吴经熊的第一部法学著作《法学论丛》（*Juristic Essays and Studies*）出版了。这部书是他的学生出于他开始从事法律实务，作为对他前一时期职业生涯相对总结的里程碑，由丘汉平和端木恺协助编辑而成的，它包括 3 篇法文、1 篇德文和 16 篇英文论文和短札，它们按照不同的类别被分作四个部分："建设性论文"、"批判性论文"、"中国法研究"和"与作者观点的商榷"。

在《法律的三度论》（The Three Dimension of Law）这篇值得注意的精短的论文中，他阐述了他的基本的法律观点。他认为，在任何时间和空间中，都不存在作为一个抽象物的法律。在实际生活中，只有具体、特定的法律（laws），而无法律自身（law）。每一个特定的法律都有特定的时间度、空间度和与之相关的事实度。由此他得出两点结论：（1）法律学是一门归纳的科学；（2）所有的法律均与事实相关，而且不能产生于事实发生之前。吴经熊显然将他的法律思想建立在法律的现实性这个基础之上，实际上是以自己的方式表达了霍姆斯的法律哲学思想。从这种实证主义法律观点出发，吴经熊在《法理学范围重新界定》（The Province of Jurisprudence Redetermined）一文中进一步认为，不仅要分析法律的概念，而且还要分析法律活生生的过程，即要澄清司法判决的方法和先决条件。为此，他把他的研究看作分析实证主义法学的继续和延伸。在《法学一元论》（On Some of the Juridical Monism）中，他反对任何把法律生活看作某种单一因素的现象或结果的尝试，并反驳了 17、18 世纪以来流行的自然法学派和历史法学派的观点。在《心理学法学的问题与方法》（Problem and Method of Psychological Jurisprudence）中，他力图克服分析法学派对法律的逻辑解释的局限，主张应主要从人的本性方面来解释法律。

从这些分析当中大体可以看出，吴经熊的法律思想非常强调科学性、方法论、逻辑与心理学问题。尽管如此，他的思想上的开放性并没有使他陷于片面。他曾这样来描述他这种空灵的法学研究：

> 作为一个受过古典精神熏陶的人，我怎样从事法律研究，大概是可笑的。我承认我对法律女神的激情似乎过于离谱的浪漫。我只能以永恒的眼光来审视法律问题。除开法学大师，我还求助于老子、莎士比亚、斯宾诺沙、歌德、惠特曼、威廉·詹姆士等人，以及其他许多的外行人，如孔子、康德和杜威。不知什么原因，我在法律和音乐这如此不同的东西之间竟发现了许多的相似之处，这一定与我分析能力的欠缺有关才对！对于生命奥迹的意识，像幽灵一样不断伴随着我，即使在判决一个很不重要的案子时，亦是如此。我的小宇宙沐浴在充满了宇宙感的柔光之中。

《法学论丛》这部著作的问世，一时引为巨观。美国西北大学法学教授魏格摩（H. Wigmore）似乎从这位哲学家和法官的身上，看到了理想主义与现实主义的完美结合。他在《伊利诺伊大学法律评论》上评价道："作者作为一位法律哲学家，目前是首屈一指的。"

1930 年夏，吴经熊自美国讲学回国之后，就在上海开办了一个律师事务所。和他在法律学术方面所取得的成就和荣誉一样，他的法律业务为他带来了颇为可观的经济收益。不过，这一时期，他的人生观似乎变得有些消沉，并一度对算命和占卜入了迷。这可能与当时国内局势的混乱和个人家庭生活的不幸有关（他和他的妻子李友悌是自幼被父母做主并且在他 17 岁结婚时才第一次见面的，而她一字不识）。

1933 年，吴经熊受命参加南京政府立法院会议，任立法院宪法草案起草委员会副委员长，同时被指定为初稿起草人之一。于是，吴经熊在任委员长的孙科博士的直接领导下，与张知本、傅秉常、焦易堂、陈肇英、马寅初、吴尚鹰等人一同参加了草宪工作。是年，吴经熊在上海以一个月的时间写成了一部《中华民国宪法草案初稿试拟稿》，共 5 编 214 条，于 6 月上旬署名在报刊上发表，以求公开批评。这就是世人所称的"吴稿"。草案中的部分设想被吸收进了最终的《中华民国宪法》之中。宪草制定工作结束后，他与黄公觉合著了一部《中国制宪史》（1937）。此外，他还主编了《中华民国六法理由判解汇解》，并勘校了《六法全书》，均在 1937 年出版。

与他自 1921 年用英文发表他的第一篇法学论作相比，只是在十年多后，吴经熊才发表了他的第一部中文法学作品，这就是 1933 年由他任社长的上海法学编译社出版的《法律哲学研究》。这部书汇集了吴经熊的"中国旧法制底哲学的基础"、"新民法和民族主义"、

"三民主义和法律"、"唐以前法律思想底发展"、"法律之多元论"、"斯丹木拉之法律哲学及其批评者"、"新民法侵权行为责任的两种方式"和"六十年来西洋法学的花花絮絮"八篇论文，其中多数已在法学期刊上发表。从表面上看，这些似乎都是主题各不甚相关的单篇专论，但实际上，在吴经熊无比广阔的法学思维空间当中，它们各个之间仍然保持着一种精神上的内在联系。

吴经熊认为，中国的旧法制何以民刑不分？法治主义和权利观念何以不见发达？婚姻大事何以不能由自己做主？为什么立春之后立秋之前不能执行死刑？凡此问题都需要在法律之外寻找答案，而其最根本的就是哲学观念。他指出，中国的传统法制是以这样三种哲学观念为背景的：

第一，天人交感的宇宙观。这是一种拟人化的宇宙观，即以人事解释自然界，再以人事化的自然界作人间的模范。其结果是，空间的高低，本来不过是一种自然现象，但是在贵族思想家心目中，也就是尊卑贵贱的蓝本，居上位的人们背着天地的招牌来稳固他们的地位；一般民众也渐渐地被他们催眠了。

第二，道德化的法律思想。他说，在中国向来认为"道德是法律的目的，法律是道德的工具"；道德与法律，一如事物之阴阳，凡百物不属于阳即属于阴；人类一切行为"出于礼而入于刑"。吴称此为"道德一元论的法律观"。他在 1932 年发表的另一篇论文《中国历史上的法治与人治之争》（The Struggle Between Government of Laws and Government of Men in the History of China）中评价道：以道德和其他非法律观念逐渐浸润到一种现有稳定的法律体系当中是很有益的，但对中国法律而言，已到了一种绝顶过分的程度，这引起一种毒化和梦游的状况。"儒家最终的胜利，把法学送进了坟墓，使之变成木乃伊达二千年之久，直到 19 世纪末期，西方的影响才开始把中国的法律精神从儒家传统的强制外衣下解脱出来。"对于道德与法律的关系，吴经熊认为，法律是促进文化之工具，而道德不过是组成文化之一分子，是法律所应承认并予以保障的诸多利益中的一种；而当这些利益相冲突时，法律应当"两害相权取其轻"。

第三，息事宁人的诉讼观。由于世界上没有两个人的思想是一样的，因此，争讼是避免不了的自然现象。他说，我们固然用不着奖励争讼，但是将争讼的本身当作不道德的勾当，那是一桩非常危险的事情，其流弊不一而足。然而，吴经熊对中国传统法律的批判并不是没有保留的，尽管他相信，"法学的昌盛，法治精神的发达，都是以争讼为基础的"，但他还是认为，以和平为理想，节制、不走极端和不高兴争讼的"中庸之道"，是中华民族千万不可湮没的最好的特性，而这一点已经和男女平等，承认习惯与判例为法律渊源这两个特征一并体现在了自 1929 年起颁布的民法典中。

在吴经熊的观察视域中，19 世纪后期以来是一个重要而不寻常的时代。在西方，不仅出现了十几位一流的法学大师和无数的二流法学家，还出现了德国、瑞士和俄国三部最先进民法典；在中国，传统法律在西方法学的影响下发生了重大变革，而对于这种变革的方向，吴经熊是持肯定态度的。虽然把中国和德国、瑞士和日本的民法典逐一对照，95% 都有来历，但他认为，在法律上重要的不在于原创性，而是一条法规是否合乎民族性。他说："很幸运地，西方最新的法律思想以及立法趋向，和中国原有的民族感情相合的天衣无缝。"不仅如此，西方有好几个不同的法律制度，而对其作适当的选择，这本身就是一种创造性的工作。他还对中国在这种会通时代应发挥的作用寄予希望："中国法学家也能很快有在法学上普遍被承认的贡献，这门学问的中心为什么将来不能在中国呢？"

透过对东西方法律传统以及其现代发展变革的观察与权衡，吴经熊提出了一个跨越东西方的法律发展的更高的目标，这就是人生的价值和意义是什么？法律如何尽可能地促进并充实人生的价值，并随时随地提高人生的意义？

为了追寻他心目中的这个关于人类共同的终极目标，吴经熊在继续不断地进行着探索。1935 年他与华懋生共同编辑了一部《法学文选》，分上下两册，其中汇集了包括他本人的一篇《关于现今法学的几个观察》在内的当时较有影响的 40 篇论文。一年后，吴经熊又出版了他的第二部英文论著《法律之艺术》（*The Art of Law and other Essays Judicial and Literary*），其中包括"法律的艺术""手段与目的之间的比例""法律在平衡利益中的作用""新旧中国的法律制度""中国的治外法权问题""法律概念的现实分析""霍姆斯法官的权利论""霍姆斯法官的精神世界"等论文以及审判札记、读书随笔等文章。1938 年，吴经熊又与 M. C. Liang 合编了一部英文著作《法理学与法哲学文选》（*Essays in Jurisprudence and Legal Philosophy*），其中选辑了庞德、霍姆斯、卡多佐、弗兰克、库科、施塔姆勒、维诺格拉多夫、坎托、卡林斯、波洛克、哈伯、考文以及自己的 7 篇论文。

以后他发表的主要法学论著还有：《正义之源泉》（*Fountain of Justice：A Study in the Natural Law*，1955）、《自然法：一个比较研究》（*Natural Law：A Comparative Study*，1955）、《作为一种文化研究的法理学》（*Jurisprudence as a Cultural Study*，1956）、《孟子的人生观与自然法》（*Menciu's Philosophy of Human Nature and Natural Law*，1957）、《中国哲学中的自然法与民主》（*Natural Law and Democracy in China Philosophy*，1957）、《中国法律哲学史略》（*Chinese Legal Philosophy：A Brief History Survey*，1958）、《法理学判例与资料》（*Cases and Materials on Jurisprudence*，1958）、《自然法与基督文明》

（*The Natural Law and Christian Civilization*，1962）、《自然法哲学之比较研究》（*The Philosophy of Natural Law：A Comparative Study*，1975）等等。

1937 年，吴经熊皈依天主教以后，他的职业生涯和精神发展似乎有了一个新的变化。一方面，他的法学著述愈来愈趋向于托马斯主义，把自然法看成沟通永恒的神法与实在法之间的桥梁；另一方面，他的天性中本来就萌动着的文学、诗歌和宗教成分也在日益明显地增加着。他的大量有于这方面的作品，后来被汇集起来，或被译成中文出版，主要有《圣咏译义》（1946）、英译《老子道德经》（1961）、《哲学与文化》（1979）、《内心悦乐之源泉》（1981）、《唐诗四季》（1981）等。

1949 年起，吴经熊成为夏威夷大学中国哲学与文学的资深客座教授。1951 年到 1966 年间，他又先后担任了美国新泽西西东大学的法学教授和亚洲学术教授。晚年，吴经熊回到了台湾，并定居在那里。在生命的最后 20 年里，他担任了中国文化学院哲学教授，1974 年起又担任了该学院哲学所的博士班主任。1986 年 2 月 6 日，吴经熊——这个有着伟大心智的生命结束了。

自从 1902 年以"务期中外通行"为目标开始正式改革传统的中国法律以来，这就似乎在向人们昭示：在这个极不寻常的世纪里，要为当时成长起来的一代人提供一个跨越东西方的法律活动的舞台。而作为一个系统接受了西方式的法律训练的法学家，吴经熊在他所涉足的各个职业领域里都表现得相当出色，而且在正处于巨变当中的新型法律体系的创建过程中积极发挥着他的职业专长。他既是一位著名的法学教授，又是一位重要的立法者；他不仅成功地从事了他的律师业务，而且作为法官，还被誉为"大法官宝座上的所罗门王"。他对西方法律传统和人文、社会科学背景的了解细致入微，并以相当敏锐的目光注视着这些领域中所有重要的进展。他是一个属于原创型的法律著述家，以自己超然的风格，站在世界的高度广泛地进行着各种对话，通过法律这个推动人类文明的工具，努力在东西方两大文明之间架设桥梁；而他所追求的目标和方向，就是超越东西方。所有这些，都足以表明：他是 20 世纪中国最有代表性的法学家之一。

[原载《比较法研究》1998 年第 2 期]

一个人物　一部传记　一点思考

题记：2006 年 10 月 28 日，倪征燠、李浩培百年诞辰纪念大会暨国际法学术研讨会在苏州大学王健法学院大讲堂隆重举行。苏州大学副书记、副校长夏东民主持了开幕式。苏州大学殷爱荪副校长、吴江市人民政府副秘书长徐卫东、倪老之女倪乃先、李老之女凌岩、国际法学界代表和复旦大学董世忠教授依次讲话，开幕式结束后，全体与会代表在钟楼草坪前合影。

在接下来的大会报告中，北京大学贺卫方教授、外交学院金克胜教授、南京师范大学李浩教授、香港中文大学凌兵教授、原东吴大学研究生聂昌颐先生、华东政法学院何勤华教授、西北政法大学王健教授、西安交通大学易显河教授、中国政法大学曾涛教授、华东政法学院周洪钧教授、苏州大学陈立虎教授先后发言。会后，苏州大学王健法学院还安排参加会议的代表前往倪老的老家黎里镇等地参观游览。本文即作者在会上的发言。

主持人、苏大法学院的领导、各位先辈、各位同学，早上好：

首先要感谢苏大法学院的盛情邀请，使我有机会参加这个难得的纪念活动。同时我也要向苏大法学院最近一个月来连续为中国法学所作的贡献——先是中国社会法学会年会，然后是法理学年会，接下来又是今天的这个会议——表示敬意。

每次来苏州，都令我非常愉悦，这不仅使我有机会见到法学界师友，而且更重要的是，在这个美丽的园子里，可以采集对于中国近代法律演变的研究有价值的灵感。例如，10 年前，在贺卫方教授的支持和鼓励下翻译康雅信女士的长篇论文《培养中国现代的法律家：东吴法学院》时，我曾经为寻找东吴校训合适的译名而累受其苦——Unto a fullgrown man。后来潘汉典先生告诉我，那校训无论你怎么翻译都不行，它是个特定的表达，跟你的英文水平毫无关系，它必须译成"养天地之正气，法古今之完人"，别的再好都不行，但在当时确实为了一名之立而煞费苦心。实际上，只要来到这个美丽的校园里转一转，就会很容易地看到校门上那个有名的句子。所以，在这个孕育着近代众多法学名家的环境极优美的地方，总会采集到各种各样研究的灵感。

说到我个人与今天会议主题的二老的关系，早在读大学本科的时候，我就知道两位的名字了，是如雷贯耳的法学大家。比如从当时刚出版的大百科全书法学卷里面，从权威教材的编者和期刊上的介绍文章中都能看到他们的大名。因为他们都是从 1949 年前就投身法学领域，有着不同寻常的职业经历，阅历丰富，所以就认为他们一定是法学造诣高深的大家了。

到了后来，我跟几位朋友一起编纂"二十世纪中华法学文丛"，想要聘请学术顾问，大家都一致想到了倪老和李老，而我的任务是联系倪老，还有其他几位老先生。这样，1996 年 12 月 4 日的一个上午，我和当时在中国人民大学读博士的范忠信、胡旭晟还有出版社丁晓宣编辑一起来到了东交民巷那所极普通的寓所，在那里见到了心中仰慕已久的倪老。当时请益求教的情形历历在目，倪老的谆谆教诲也犹言在耳。所以我也要感谢今天在座的倪乃先女士——为她当时为我们提供的帮助和招待表示敬意和感谢。

从那以后，我们和倪老有了几次交往。在和倪老的漫谈中，我们了解到许多过去不曾知道的事情。而这些都是我们极感兴趣的。倪老告诉我们："我进东吴，就是为了了解领事裁判权。"倪老向我们回忆起东吴的法律教育方法，学案例，先打私法的基础，再研究公法。他特别强调学习合同法的重要性。他回忆了自己在 1949 年以后的经历，院系调整时开始学俄文、教俄文。"有一段时间批判旧法概念，连书都烧了，其实要保存的话还是有很多资料的，有反动的，商法有很多外国的。""我这一辈子搞实务，十年国内审判，十年国外审判工作。我们的东西都在判决里面。论文集我们没有详细的材料。1949 年前我写一点，都是实务方面的。我考察国外的司法制度，办理案子，研究司法管辖等，都是实务的。只有一本是英美司法，我这一代的人现在没几个了。你们要的书，现在在的人很少了，理论性的很少了。"倪老取来吴经熊的英文版 *Juridical Essays and Studies*（《法学论丛》，商务印书馆 1928 年版）给我们看。意思是可以选这本书进入文库。

在回忆起过去的人和事时，倪老告诉我们：

> 李浩培是我的同班同学，同岁，经历也差不多。陈顾远比我大得多。台湾有个人，比我大两岁，九十二点三岁，叫桂裕，现在还在台湾。但精神不太好，东京审判他也参加了。他的著作大多在四十年代以后了。1945 年以前的还不大清楚。他对出版界比较熟悉，他的地址在台湾绍兴南路 10 号。他们写信要讲客套的——公绰 桂裕。还有上海九十五点六岁我的一个同学，在沪富民路 31 弄 39 号，邮

编 200040，叫盛振为。倪老又起身取来盛振为的近照。兰金对教会很虔诚，对法律不太懂。1945 年在美国见过刘伯穆，萨莱德批评东京审判，教书好，讲话好。查良鉴、张任堪、孙晓楼、卢峻等。陈晓并不小，法学院大体兼专任就是他了。还有曹杰是专任。哲学、逻辑和英文很好，后来在南京解放军外语学院。戴修瓒学商法的，我很熟，是中国公学的，大胡子……

访谈期间，我们还照了许多相，如果以后要收集资料的话，我们愿意将它们贡献出来。

今天我们在这里，除了缅怀和追忆前辈的学术思想和崇高功德之外，还能从中得到什么更多的有意义的启示呢？由这样一个纪念活动当中可以引发出哪些值得我们深思的问题呢？这个问题我从来的一路上一直在思考，一直萦绕在我的脑际。

可以肯定地讲，二老为晚生后学留下的遗产是多方面的。对于这些宝贵的遗产，也一定会有各种各样的归纳整理方式。这里我想到了这样两个问题：

第一个问题是，倪老为我们留下了一部宝贵的自传，就是《淡泊从容莅海牙》那本书。我个人认为，这是一部价值极高的关于中国现代法律史研究的珍贵资料，它是观察 20 世纪中国法演变无可替代的一部历史文献。我们可以把传主放在一个更大背景下来看。传主一生不寻常的经历，使得他的记述完全具备这样的条件，达到这样的程度。众所周知，1806 年是一个不寻常的年代，基督教新教传教士马礼逊来华，从此揭开了西学东渐、欧美文化输入的序幕。整整一百年后，即 1906 年，清政府宣布"仿行立宪"，中国政治法律制度的重大变革正式开启了它的进程，而这一年恰好是倪老出生的年代，这也许就象征着倪老注定毕生都离不开"法"这个字的寓意。此后的一百年，中国政治法律经历了前所未有的巨变。倪老作为经历人、参与人和见证人，以其权威身份留下的这部传记，自然成为我们研究现代中国法律史的重要资料。其一，要研究近代中国领事裁判权制度的演变，必须要看这部书；其二，关于东京审判的许多细节也可以从这部书中找到踪迹；其三，关于1950年代初院系调整、思想改造运动、司法改革等许多重大历史事件，传记同样提供了丰富而鲜活的珍贵资料。而这一部分内容是我们法律史研究很缺乏的一个环节，是长期以来我们都很陌生、模糊的一段历史。其四，传记还提供了在整个20世纪里众多法律人物之间的关系方面的介绍和描述。我最近正在做的一项研究，就是把这部书里面涉及的所有人物都一个一个检索出来，因为书中涉及的人物实在太多了，非常丰富。我们如何在法律史研究中更好地利用这部著作，如何去充分地发掘这部自传的历史价值，如何进一步利用史料去阐述他职业生涯和思想在现代的意义，我想这可能是对我们有意义的一些问题。

第二个问题是，和上次我们仍然在这里聚会纪念的一位东吴法科的骄子杨兆龙先生有着很大反差的是，在中国政治、法律与社会激烈动荡的这一百年里，二老为什么能够由旧时代过渡到新时代，而且居然能够奇迹般地在极度艰难的条件下不废弃其法律专业，能够在不同的时候都有所作为？我们知道才华横溢的杨兆龙先生在20世纪50年代中期以后就消失了。尽管他的生命延续到了80年代，但他的后半生无法再与他擅长的专业有任何的联系了。我想这里可以给我们留下许多值得思考的问题。至少可以说，知识分子与国家的命运究竟有着或者应该保持怎样的联系？因为在一个充满了暗礁、危险、急流的时代，他们的心灵深处究竟有哪些隐秘的东西支撑着他们。我想从倪老、李老的经历中应该可以探寻到一些有益的东西。

我的发言就到这里，谢谢大家！

中国法律文化对西方的影响

　　有好的题目，未必就一定能写成好书；书的内容写得有问题，也并不等于这书就一无是处。对于手边的这本几经犹豫、思量再三最终下决心从书店买回的《中国法律文化对西方的影响》[1]一书，大抵可作如此的评价。

　　仅就"中国法律文化对西方的影响"这个题目而言，它是很能够吸引人的，特别是对于爱好法理论、比较法或法律现代化一类主题的读者，尤其能够引起人们阅读上的兴趣。因为近几十年来，我们主要致力于学习和继受外国法，实际上即所谓"西方的"法律；也因此而更加关注中国如何借鉴和吸收西方法这类的问题。这样久而久之，便多少给人们造成一种印象，就中国法与西方法的关系而言，中国始终是甚至仅仅是受外国法影响的。的确，自晚清以降，初为欧美日本，继则苏联的法制，叠次成为我们改弦更张、模范效法的目标。可这只是中西交往关系中的一个方面；若把对这种事实的判定颠倒过来，反问一下中国法律是否曾经影响过西方，以及其情形如何，可能会是一个颇觉新奇的问题，甚至有人对此感到意外——难道中国法还能影响西方？应当说，这样的反问，不仅仅来自头脑里逻辑思维的作用，而且基于人类各民族间的文化交流必然是双向而非单向进行的这样一个事实。只不过我们长期片面追求了"西学东渐"这一层面，而疏于对"东学西渐"方面状况的思考和观察。

季羡林先生在这套丛书的总序里说得通俗明白：文化的交流关键是一个"交"字，一边倒，向一边流，不能称之为"交流"。按照这个早已成为共识的看法，这个题目不仅有趣，而且确有探讨的价值。

不过，这个题目还仅仅是就所指情形的一个简略而笼统的描述；若要专门、具体地研究这个问题，尚需通过一定的方式对其内容进一步地加以界定。

一方面，姑且不论"法律文化"这个概念的内涵如何，它总是存在于特定的时间和空间环境下的。由于19世纪末以来，中国法律在欧美法系入侵的作用下由传统向近代发生重大转变，因此，将传统中国的法律文化与近现代以来中国的法律文化从类型上加以区分是有必要的。当然，还应说明的是，从文化交流的一般意义上讲，中国的法律文化（不限于传统的范畴）总是伴随着中外间的交往而得以向外传播的。该书的书名虽然没有直接标出是传统的还是包括现今在内的中国法律文化，但就书中所述的内容来看，指的是传统中国的法律文化；这与瞿同祖《中国法律与中国社会》一书的内容所指同样的清楚。

另外，也需要明确"西方"（the West）一词的概念，因为，尽管人们可能会在不同的意义上理解和使用这个概念，例如地理的、政治的或宗教的等，但有一点至关重要，即它是一个"具有强烈时间性的文化方面的词"[2]。对于"中国法律文化对西方的影响"这样一个充满历史动感的概念，尤其应当注重对"西方"一词加以时间上的界定。

以上二者可说是建构这个主题的基本出发点。但要成功地论述这个主题，还必须将这二者在历史的和逻辑的基础上予以协调和统一。

通观全书，可以这样来概括作者对于这个主题所作的设计：首先按照国别这一标准，把中国法律文化对西方影响的范围限定于中国分别对英国、法国、德国、日本和美国这五个方面，并相应地将全书分作五章。然后主要就各该国家某些学者、思想家、政治家或法学家在其论著当中对于中国政制、法律、道德、风俗、习惯等方面所发表的意见或阐释加以叙述。这里之所以说"主要"，是因为该书的第四章，即对日本的影响较多地涉及了制度层面，并不仅限于思想领域。由于划分国别只是要为后者提供一个可供分析的框架，而后者又是全书论证主题的主要方式，因此，从该书的内容来看，它基本上属于某种思想史的研究。

细细揣摩该书的主题与所述的内容，我认为有这样两个问题值得提出来与作者交流、商讨，并就教于对此书有兴趣的读者。一个是如何理解和处理这个题目，另一个是关于该书主题与书中第五章的关系。

关于第一个问题，我以为从字面上讲，"中国法律文化对西方的影响"这个题目本身是带有一定的伸缩性的，也就是说，我们可能会从不同的角度来切入和解析这个题目，因为此处并没有明确指出中国法律文化到底影响了"西方的"什么，所以该题目或可理解为中国法律文化对西方社会中的某一领域的普遍影响，抑或理解为中国法律文化对西方的政制、法律或法律思想文化方面的影响。不过，这些还都只是具体内容范围上的差异，它们并不影响我们在通常意义上理解和处理浮在该题目表面上的一些基本问题。这些问题主要有：

（1）中国传统法律文化是如何传播到西方的，由谁、以怎样的方式又是为什么传播的；

（2）传播了哪些方面的内容或西方人从中都看到了什么，例如中国古典的法律思想、典章制度、政治和司法体制、语言文字与风俗习惯等；以及

（3）由此而产生的影响和后果如何，这可分为直接对西方国家本身所产生的影响和西方国家由此进而采取的回应中国的态度和措置两个方面。

按此，要较全面地探讨这个问题，则不仅需要关注这种"影响"在西方思想文化领域里的体现，还应当对这种影响给予具体的社会史的考察，后者甚至可能更重要些。因为前者只是体现这种影响的一个方面；后者则不仅从根本上包容前者，而且对前者究竟能在多大程度范围上反映主题起着制约作用。

在第一章的开篇，作者首先对中国法律文化对西方主要国家的影响作出了一个基本判定，认为"英国人对中国法律文化的研究及所受影响在总体上无法与法国、德国相比"，理由是论述过中国法的英国人不仅数量少，"并未形成强大阵容，且缺乏思想大家"。（页1）不错，按照作者依次所论及的范围，第一章英国的坦普尔、哥尔斯密、亚当·斯密，与第二章法国的孟德斯鸠、魁奈、伏尔泰和第三章德国的莱布尼茨、沃尔弗、赫尔德、黑格尔、韦伯比较起来，似乎显得势单力薄。但应当注意的是，要判别中国法文化从整体上对西方某个国家的影响及其程度的大小差异（其中也包括西方的某个国家是否出现过论述中国法的所谓"大师级思想家"），这需要作历史多方面的具体考察，不可轻下断语。

下面仅举关于中西交往关系史上的两点重要事实：

其一，言中国传统法律文化对西方的影响，犹言西方法文化对

中国的影响，西方来华传教士是一个不容回避的考察线索。从 16 世纪中叶以后相继来华的葡萄牙、意大利、西班牙、法国等国的耶稣会士，直到 19 世纪以英美等国为主的来华新教传教士，他们始终充当着媒介中西间各种文化交流的重要角色。欧洲人对中国文化的了解，基本上是通过这些传教士的介绍，特别是通过由耶稣会内部引发并波及整个欧洲的"中国礼仪之争"（Chinese Rites Controversy）的讨论加深的；由于传教士对中国文化的广泛评论在欧洲发表，由此引起了欧洲人对中国文化的极大兴趣和热情。在 17 世纪，意大利人在这方面是居于世界领先地位的，罗明坚、利玛窦、龙华民、艾儒略、王丰肃、熊三拔、毕方济、郭居静、潘国光、马国贤等这些汉语造诣精深、有的还曾久居中国的传教士都是意大利人，阵容不可谓不强大。众多来华传教士本身就是深受中国文化影响的欧洲人，而他们对于中国的史地、政制、司法、伦理、信仰、语言文字和社会生活方式等领域广泛的观察和记述，自然属于本论题所应讨论的范围。随着对中国传统文化的争论和研究逐渐由教会内部影响扩展到教会以外，欧洲的贵族、思想家和商人在中世纪以后世俗文化的建设中，在社会上合力发动了"中国文化热"。18 世纪许多重要的启蒙思想家都是通过接触耶稣会士或者阅读他们的著作，才得以丰富他们批判欧洲固有文化价值观念和现实社会的思想工具的。[3]

作者似乎是在写完全书后又意识到这些问题的重要性，并在"前言"里面以较多笔墨予以弥补。作者正确地强调："公允地说，传教士东来，对于中国法律文化的西传，意义尤大。"但因正文的主体结构和论述方式已经成型，终究无法挽回由于这一重要不足而导致的该书正文在阐述主题方面缺乏应有力度的遗憾。

其二，关于中国传统文化对英国的影响，说老实话，这也是笔者正在思索和探求的问题，目前尚无值得提出的意见。但从接触到的一些文献和论著当中，有这样一个初步印象，即要考察中国文化对具体到西方某些国家的影响，如欧洲大陆的或者英国，可能要追溯三百年来欧洲各国现实地位的消长、对外政策的变化以及宗教和文化传统等因素；而英国注重经验和实证的文化传统，与欧洲大陆的理性主义、人文主义传统比较起来，在对待中国文化的态度上可能有其特有的表现。

在 17、18 世纪，英国文人同样受耶稣会士著作的影响而对中国抱有兴趣。[4] 18 世纪中叶以后英国进入工业革命时代，并相继打败荷兰和法国一跃成为西方最大的殖民强国。英国为了争夺在东方的商业利益首次派遣庞大的使团来华，试图通过外交实践来亲自验证自己在世界上的优越地位。这一现实目的更加驱动了英国对于中国各方面情况的了解。在马戛尔尼"狮子号"船上的图书馆里就配备了一个世纪以来欧洲出版的所有关于中国的著作和东印度公司提供的 21 卷材料，而出使的结果又导致了英国对于中国知识的激增。这次出使对于英国乃至整个西方和中国双方的确都产生了意义重大而又深远的影响。曾经作为使团汉文翻译的小斯当东（Sir George Thomas Staunton，1781—1859）根据他多年与中国的接触和观察，得出了一个令欧洲震撼的结论："马戛尔尼勋爵和他的使团在中国的短暂逗留足以使他们发现：中国人所吹嘘并得到许多欧洲历史学家承认的中国对其他民族的优越全然是骗人的。"[5] 这种观点得到了出版媒介的支持，并很快地流行开来。英国对中华帝国以往在欧洲普遍盛行的近乎神话般形象的改变，预示着 19 世纪西方对中国的基本态度，并最终导致了中国灾难性后果的出现。[6] 这其中还有一件具有特殊意义的事情，即小斯当东用了大约 10 年的时间将《大清律例》基本上翻译成英文，这是中国法典第一次直接进入西文世界，是西方比较完整、准确地了解中国法律制度的第一部书。《大清律例》的英译无疑是表明中国传统法律西传的一件大事，在中西法律文化交流史上有其重要意义。

上述事实，我以为都是关乎主题的一些重要情节。作者倘能在书中予以适当地反映，而不拘泥于是否有大师级思想家曾在他们的著作里关注过中国法，我想这可能会更有助于揭示或者丰富该书的主题。实际上，作者在前三章里的相关论述中就已部分地显露出了这类性质的内容，但不无遗憾的是，这类内容未能得到应有的彰显和深入的展开。

第五章"中国法律文化对美国的影响"的处理则显得有些匆忙，甚至使人产生离题之感，几乎变成了"美国学者论中国法律传统"，而且是当代的（contemporary）一小部分美国学者——仅有昂格尔、安守廉和高道蕴三位。这里就不多作评论了。

关于第二个问题，作者对"西方"这个概念的界定和"中国法律文化对日本的影响"（第四章）的论述使人有历史和逻辑上错位的感觉，即相对于本书的主题，令人无法判别日本传统法律和日本西方化的法律这二者间所应有的基本界限。

日本传统上深受中国儒家法律文化的影响，对此，杨鸿烈在《中国法律在东亚诸国之影响》一书当中早有令人信服地论证；即使在明治维新以后大量移植欧美法律，日本文化在某种程度上也依然保留有较浓厚的儒家文化的因素。作者显然充分认识到了这一点，并前言里指出："日本对中国法律文化的承继，无论在广度还是深度上，都是其他国家无法相比的。"（不过严格地来讲，这个表述值得推敲，因为很难说日本就是在广度和深度上承继中国法律文化的唯一国家，韩国与朝鲜受中国法律文化的影响同样深广，只不过日本在东亚诸国中的形象凸显而已。）如果作出时间上的界定，而将日本归入"西方的"范畴，这是不成问题的。但若对历史和现实间联系与区别的界限不加限定，只因为日本自近代以来加入西方的体系当中，就把中国传统法律对日本历史上的法律曾经产生的影响不加说明地当作该章主题所要论述的重点内容，则不仅名不正，而且言不顺。第四章"中国法律文化对日本的影响"共六节136页，除了其中的第六节21页论及开始向西方化转变的日本法律以外，其余的五节115页均论述并不属于西方法范畴的日本古代法律与传统中国法的关系。日本传统法律的近代化转变当然不可避免地要糅合进传统文化的某些因素，但相对于主题所要论述的对象，只需将日本的传统法律作为背景介绍并以适当的篇幅予以反映即可。

总之，就"中国法律文化对西方的影响"这个主题之下的日本而言，其具体所要论述的对象，从逻辑上讲应当是中国传统法律文化对西方化以后的日本法律的影响；从时间上则应以19世纪末期"脱亚入欧"以后的日本作为论述重点，这是起码的要求，否则便不成其为"中国法律文化对西方的影响"。至于此后仍然浸润着儒家精神的日本文化与已经建立起来的占主导地位的日本西方化的法律体系之间的矛盾关系，那是属于另一方面的问题，其本身并不或至少不直接属于主题论述的范围。

作者对第四章篇幅处理的不适当也影响到了全书的结构比例。该书论述日本所占的篇幅约是全书的五分之二，全书正文共计362页，各章即对英、法、德、日、美国的论述所占比例依次为26、78、71、136、51页，英国不及其零头；可见其结构比例的安排相差过于悬殊。此外，无论是各章或是全书，还都缺少某些必要的概括或者得到深入提炼的结论性意见，这一点虽在"前言"当中有所弥补，但毕竟略显粗糙了些。

　　该书存在的上述一些问题，实际上与法学界长期以来缺乏对相关主题基本资料与史实的整理和研究有直接的关系。作者研究这一主题，实际上是要克服这些解决起来决非朝夕之功的困难。但同时也必须看到的是，作者对欧美学者或思想家有关中国法的评论作了初步的梳理和分析，为我们了解这方面的情况提供了一定的资料和认识上的积累，并从内容上丰富了我们对中西法律文化交流研究的视野，等等，这些都是应当积极予以肯定的。而笔者之有上述评论，也应首先归功于阅读该书后获得的启发。希望该书所具有的这些优点不至因为出现在本文的末尾而被忽略或被削弱。

[原载《中外法学》2000 年第 5 期]

【1】　史彤彪：《中国法律文化对西方的影响》，河北人民出版社 1999 年版。

【2】　[美] 哈罗德·J. 伯尔曼：《法律与革命》，贺卫方、高鸿钧、张志铭等译，中国大百科全书出版社 1993 年版，第 2 页。

【3】　参见李天纲：《中国礼仪之争：历史·文献和意义》，上海古籍出版社 1998 年版，特别是该书第三章第一部分。

【4】　关于这方面，多年来已有不少学者的研究成果。除了在该书第一章里面主要引用的范存忠《中国文化在启蒙时期的英国》一书外，还有范存忠 *Dr. Johnson and Chinese Culture* (London：The China Society，1945)，钱钟书 China in the English Literature of the Seventeenth Century，*Quarterly Bulletin of Chinese Bibliography* (New Series) Vol. 1，1940；Vol. 2，1941，陈受颐 *The Influence of China on English Culture during the Eighteenth Century* (芝加哥大学博士论文，1928)，William W. Appelton，*A Cycle of Cathy：The Chinese Vogue in England during the Seventeenth and Eighteenth Centuries* (New York：Columbia University Press. 1951) Edmund Leites，

Confucianism in Eighteenth Century England : Natural Morality and Social Reform , *Les rapports entre la Chine et l' Europe au temps des Lumières* , Actes du lle Colloque Internationale de Sinologie , （Paris，1980）等等。

【5】［英］托马斯·斯当东：《大清律例》英译本，伦敦，1810 年，前言。

【6】［法］阿兰·佩雷菲特：《停滞的帝国——两个世界的撞击》，生活·读书·新知三联书店 1995 年第 2 版，第 81 章。

田默迪 《东西方之间的法律哲学》 编校记

奥地利汉学家田默迪（Matthias Christian） 先生所著 Rechtsphilosophie zwischen Ost und West——Eine vergleichende Analyze der fruhen rechtsphilosophischen Gedanken von John C. H. Wu，原是作者在奥地利维也纳大学攻读博士学位的一篇论文（1986），后收录在 Gunther Winkler 教授主编的 "国家与法律研究丛书" （Forschungen aus Staat und Recht），作为丛书第83种，于1988年由奥地利 Springer 出版社出版。作者田默迪，1941年出生，1968年到台湾，曾以严复《天演论》译本的比较研究而获得台湾辅仁大学硕士学位，曾任辅大校牧。

该书中译本[1]的出版，前后历时八载。如此漫长的时间，而今终于问世，作为审校者，内心积存的兴奋、陶醉、甘苦与无奈的种种感受混杂在一起，一时竟不知从何说起。

在策划出版 "二十世纪中华法学文丛" 时，近代法律史上那些久已 "消失" 的法学家们，一直是我关注的重点和兴奋点。正当 "文丛" 首批五种问世时，一个令我备感惊讶的事出现了——1997年春，中国政法大学出版社总编室丁小宣君告诉我说，梁治平先生拿来了一部稿子，内容是关于吴经熊法哲学研究的，作者叫田默迪。

我不由大吃一惊，心想吴氏作品已经列入我们的整理计划，正为寻访查找其人其书的下落而煞费苦心，现在竟有人已经写出了研究吴经熊思想的专书。作者是个怎样的人呢？小宣说：梁持书稿来社，看是否能出版。书稿是中国艺术研究院刘梦溪先生从国外带回的复印件。小宣将书稿转交给我，让我看看。我当即回复，建议尽快出版。

梁先生拿来的这部书稿是 A4 纸的复印件，除目录、跋、后记和正文外，没有关于写作和作者背景的任何说明。只能推测出作者是位德文作者，原书用德文写成，但译者究系作者本人，还是合作翻译，无法确定。只是作者在后记中提到，中文稿曾经得到几位台湾师生润饰文字之助。我粗读该书书稿，感觉中文表述方面，文字犹有不甚精练之处，且语法上也颇有值得改进之处。后来决定先排印一份清样出来，小宣便在清样上作了些简单的文字加工，约有四五页。

梁先生后来赴美访学大约一年，回国后一直忙于各种学术活动，我则应对博士论文和毕业事，加之书稿整理耗费时间，需要专门细心地整理加工，于是书稿搁置，启而未动。

2001 年暑假的一天，梁先生打来电话告诉我，书稿至今未出，甚是可惜，当抓紧出版。这又鼓起了我的信心，决意花费时间校出书稿。梁的意见是，根据他粗读的印象，田氏中文表达，有其个性，文意可通，需作改动处并不很多，故不必大量删改，宜尽量保留译作原貌。我告诉梁先生，文字上我尽量保留译文风格，除非明显不当之处，酌加改动。另外，书后所附吴氏作品目录，据我手头已有或所知情况，尚有可增可补之处，可以补入原著缺漏材料。梁表示同意。

2002 年元月寒假，我抽出时间通篇审读了书稿，约有十日。这次审校所用底本即是梁拿来的复印件和法大出版社排印的清样。2月间，我将田氏旧稿、审校后的清样和一份长达十数页的审读记录一并装入一个大信封袋，交给回西安过年的李传敢社长，由他带回北京。

然而事情并没有就此完结，出版该书的最大障碍——版权问题尚无着落，另外就是一直没能联系到作者田默迪本人。复问梁能否找到田氏本人，他一时亦茫然。其间我曾注意到田氏在国内的一些汉学期刊上发表论文，但均未记载任何表明作者身份和联系办法的信息，如哪国人、现在职务和工作单位等。田有一篇关于严复科学思想的论文发表在张西平主编的《国际汉学》上，我告梁，梁表示可与张西平联系，看能否找到田的联系线索。

是年春，梁访学香港，其间获得了有关田默迪的消息，打来电话告我说，田目前正在台湾辅仁大学工作，已找到田的联系电话和电子邮件地址。这时恰好我正在办理访台手续，拟于5月赴台，我告诉梁，届时或有直接联系之便。

2002年6月上旬，我如期赴台。在电话中与田约好时间、地点，由好友黄章一引领（我在北大做博士后时，黄师从李贵连先生，正在读博），驱车前往台北新庄辅仁大学，在校园一处教学楼的休息间，终于见到了寻访多年、近乎神秘的田默迪先生。

田身材中等，面庞清瘦，眼镜背后有一双充满智慧和虔诚的眼睛。他是这所天主教大学的校牧。他的衣着非常简朴，上身穿着一件宽大而褪了色的红线衣，下边是有些年头的牛仔裤，脚上的皮鞋，底子已经张开了一道很大的口子，这一切令人印象极为深刻。

田向我讲了书稿出版的情况，说台湾商务印书馆原本决定要出版这书，可是后来台湾商务印书馆在与奥地利的原著出版公司交涉版权时，因难以接受对方不菲的要价而放弃了。现在他愿意交北京出版，只是他自己对版权之事无能为力。我告诉田，北京方面极愿出版这书，只是苦于一直联系不通，尽管有台湾商务印书馆在联系版权方面的失败经验，但我会积极为该书在大陆的出版而努力说服北京的出版家。于是，田将一个准备好的大信封袋交给我，里面装有一份修订过的译稿的复制件和一张软盘。令我喜出望外的是，他还送了我一本这书的德文原书。

那次见面的时间不长。除了谈出版的事，我还告诉他我们得到这书稿前前后后的经过。显然，他对这书在大陆引起的浓厚兴趣毫不知晓。他向我讲了他怎么开始关注汉学，研究的经历和写作这书的一些情况。他反复强调说，他走了一条跟吴经熊相向而行的路——吴是从东方到西方，他则由西方到东方。言语中透露出他与吴在精神上和心灵上高度的融通和契合。

2002 年 8 月，我开会途经北京，把在台湾得到的软盘和德文原著版权页复印件交给法大出版社，以便按照版权页上提供的原著出版者地址交涉中文版权。传敢社长表示：不管奥国出版公司怎样，都愿意积极促成中文版权交涉成功。大约到了 2003 年年初，出版社传来消息：出版社已向对方支付了很大一笔钱，版权问题彻底解决。至此，出版这书的中文版终于有了可靠的法律保障。传敢社长对于出版高水平学术著作不惜代价的一贯态度再一次得到了证明。

2003 年暑假和年底，梁两次专门打来电话询问审读进展情况，并详细提出了他认为需要注意的几处关键问题，对书稿的出版，倍加关心。

2004 年年初寒假期间，我抽出时间再次审校书稿，企盼这是最后一次。

　　首先我将手头三部过去排印的清样分别排开，逐一进行比对分析，从中确定了按照田氏新稿排出的最后一样，然后将田氏软盘出样和田氏给我的复制件进行对比，标记出这两个文本的差异。具体来说，审校工作的对象是法大出版社据田氏提供的软盘排出的简体清样。审校依据的材料有：（1）田氏软盘直接印出的繁体字文本；（2）田氏提供的印制文本；（3）田氏德文原著；（4）吴经熊原作品。

　　要在法大出版社排印出的简体字清样上进行审校工作，首先需要确定田氏书稿的准确底本。可是由于田氏提供的文件有（1）和（2），所以第一步工作是先要比对（1）（2）之间有无差异，然后才能进行下一步的审校。

　　经过仔细的比对，发现田氏提供的复制件和软盘出样两者文件件数不同，文本互异，因此，审校工作只得参照这两者作为标准。另外，据田氏说，最新出样是经过了黄霍教授"与作者一同再对全文做润饰"（最初的中文本是作者在李篾平小姐、王志坚先生的协助下完成的），从对最早的书稿和现在的文本印象上的比较来看，这一点的确是真的：新的书稿的文句已经有了明显的改进，更加符合汉语规范，也更适合国人的阅读习惯了。

印本和软盘出样对比表

对比项目	田氏提供的印本	软盘出样	对比结果
纸型	A4	A4	一致
字体	繁体字	繁体字	一致
页码	均按篇各自起讫，全书不连续计码		一致

续表

对比项目	田氏提供的印本	软盘出样	对比结果
目录页	无"人名翻译对照表""专门名词对照表""简写表"	有"人名翻译对照表""专门名词对照表""简写表"	除差异外，余同
自序	"部分"	"部份"	一字改动
书名简称表	有此一页	无此一页	有异
正文	第 10 页第 1 行多打印一行字	无此错误	有异
	注释序号及内容正常	第 13 页：自本页注释［129］开始，正文注释有序号，但无注释内容	有异
	第 14 页重复一段文字	正常	有异
	第 21 页缺近 3 页内容	不缺	有异
跋	有	有	一致
吴经熊著作表	无第 14 页内容，估计复印时遗漏	没有遗漏	有异
——	第 25 页漏四行文字	不缺	有异
正文吴氏引述作品目录	用铅笔将西文书名下画线	无此标注；凡法文等非英文字母没有译出，皆表示为问号	有异
本论文参考资料	有此部分内容（第 2 页）	无此内容	有异
敬启者	无此内容	有此内容	此部分显然系台湾商务印书馆出版该书时编加的介绍文字

续表

对比项目	田氏提供的印本	软盘出样	对比结果
吴经熊先生简介	无此内容	有此内容	有异
著者简介	无此内容	有此内容	有异
简写表	无此内容	有此内容	有异

审校时，先将法大出版社排出的，已校对过的简体字清样中发现的错误移植过来。这部分改正的错误包括：（1）繁体转简体过程中所出错误（由于转体而出错，如"智慧"错为"智能"，"著"错为"着"，"类比"错为"模拟"等，以及转体中原字消失，校对时加以补出，如外国人姓与名之间的中圆点转体时均变为问号，均改正）。（2）原稿错误或不当，如："部分"，或"部份"，一律统一为"部分"；或"唯一"，或"惟一"，分别情形统一更改为适当用字；或"好象"，或"好像"，亦分别情形统一用字；等等。（3）原底本正文及注释体例、标点符号不规范等技术问题，校对时酌加改正。

总之，清样所校对者，或原稿本身所带有的问题，或因繁体字转简体字出现的问题，属纯技术性对照式校对，尚未涉及文本本身内容及排印体例方面的检查校对。这方面的工作主要有以下方面（具体内容过于庞杂，这里仅做大致的归纳）：

1. 确定书名。以往各文本，关于田氏书稿名称，都较模糊，计有：

——法律哲学：在东西之间（梁治平审读报告）；

——东西之间的法律哲学（法大出版社最新出样）；

——东西方之间：吴经熊早期法律哲学思想研究（最初审读稿）。

田氏提供的软盘出样及复制件均无封面，没有书名页，因此，田氏也没有提供书名。今查德文原作名，主标题为 Rechtsphilosophie zwischen Ost und West，副标题为 Eine vergleichende Analyze der fruhen rechtsphilosophischen Gedanken von John C. H. Wu。按此，中文直译名应为——法律哲学在东西之间：吴经熊早期法律哲学思想比较研究。这个书名比较妥帖，可以此为中文版的书名。

2. 原稿，即田氏提供复印件及软盘出样，文本中表示强调的斜体字，现均改为黑体字。

3. 原稿中汉译吴氏西文作品名称，与吴氏当时发表西文作品时已有之汉译名有异者，改从当时已有之固定译名，如：

——法院判决中"不然就会"的逻辑（The Logic of "Would-Be " in Judicial Decisions）改为：裁判中之"不得不"逻辑；

——吴氏著作 Juridical Essays and Studies，田氏译为"法学论文与研究"，改为"法学论丛"（此名称出现于吴氏原书封三页下，故为原书确定之中文译名）；

——吴氏论文 Two Forms of Tortious Liability in the Modern Chinese Law，原稿译为"现代中国法律的两种侵权行为的责任形式"，据吴氏当年已有之中文译名改为"新民法侵权行为责任的两种方式"。

4. 个别译名统一按照大陆通行译法，如"马克斯"改为"马克思"。

5. 原稿有错误者及电脑繁转简时所出错误，逐一纠正，如：张玉仁/张伟仁；先秦法观/现今法观；祥刊要览/祥刑要览；连想/联想；连系/联系；思惟/思维；文章/文集；满……的/蛮……的；彷佛/仿佛；清彻/清澈；钜细/巨细；批注/注解；模拟/类比；借/藉；那（疑问词）/哪；多采多姿/多彩多姿；部份/部分；其它/其他；等等。

6. 回译为中文固有名称，如：（国民政府）司法委员会/主席——司法院/院长；宪法草拟委员会——宪法起草委员会；宪法草拟委员会主席/副主席——委员会委员长/副委员长；等等。

7. 译名前后不一者，统一并加以确切，如上海临时法庭/上海临时法院。

8. 标点符号问题，如：省略号"…"，改为"……"；原稿书名号"??"，改为"《……》"（漏加书名号者补出）；凡文章篇名，一律改为引号；其他标点符号不妥者，径改。

9. 引文排版格式：明确作为引证文字出现之文句，均去引号，左缩二格，改仿体字。

10. 原稿正文注释部分，凡刊名、著作名未改为斜体字者，一律改同斜体字。

11. 注释部分不规范者，如英式注释法与中式注释法混杂者，分别加以规范化（此类问题甚多）。

12. 清样有缺漏者，如第 147 页注释项缺少文字一段，均补出。

13. 清样"跋"后第 206—223 页重复排印者，概行删除。

14. 个别注释处，补充相关中文信息，如：注释所引胡适 *The Development of the Logic Method in Ancient China*，后括注"《先秦名学史》，上海学林出版社 1983 年初版"。

15. 正文后各附录，参考文献著录，均加以规范化处理。

16. 原著"引言"，不见于田氏所提供之书稿，请西北政法大学国际法系苏颖霞教授（留德比较民法硕士）译出。

17. 德文版书中田氏所写的一篇序文，中文版里已经删去。

以上是这次整理和审校的大体情况。

2004 年 3 月 15 日，我利用出差赴京之便，按约与梁治平先生在海淀蓝旗营万圣书园二楼咖啡厅专门谈书稿事。最后确定：书名定为"东西方之间的法律哲学：吴经熊早期法律哲学思想之比较研究"；不要德文原版书序；不要术语名称检索表；不要田氏书稿中的吴经熊简介和著者简介，此两项由我重写；由梁写一篇序文，冠于书首；我再写一篇特约编辑说明，介绍审校情况。

　　2 个月后，这部书出现在了全国大小书店的书架上。

[2004 年孟春]

【1】 田默迪：《东西方之间的法律哲学——吴经熊早期法律哲学思想之比较研究》，中国政法大学出版社 2004 年版，系梁治平主编的"法律文化研究文丛"之一。

序　跋

穗积陈重 《法律进化论》 校勘说明

穗积陈重 (1856—1926), 日本近代最著名的法学家之一, 早年赴英国伦敦大学和德国柏林大学研习法理学和民法, 是日本最早的法学博士; 1882 年起任东京大学法学教授兼法学部部长, 后又参与民法等法案的起草工作, 历任帝国学士院院长 (1917) 和枢密院议长 (1925) 等职; 与其弟穗积八束、其子穗积重远, 在日本明治和大正时代的立法和法学史上皆享有盛名。

穗积陈重的法学著述甚丰, 其中法律进化论乃倾其毕生心血和精力矢志探索的一个法律史命题。据陈重本人讲, "余盖五十年来常思法律进化论者也", "又深切感于研究著述之素志, 万不可忘"。为此, 他以牛顿 "常思之而已" (By always thinking unto them) 为座右铭, 自励其志。又据穗积重远回忆, "余父虽以公务之多端, 而从无一日废其研究著述者"。或一朝书成二页, 或一日书成四页、五页, 徐徐而成。即使晚年在病榻上, "亦横卧而反诵读", 经医生劝阻, "乃使季女市河晴子于枕端读之, 亲持赤色铅笔以听; 遇有成为问题之处, 即附记号, 又使从头读起"。在这种艰难的情形下, 陈重 "犹频作手势, 若书物然", 最终, "正执《法律进化论》第三册之笔而死, 以遂其 '死而后已' 之素志!" (《原质论》序) 陈重对是书的酷爱之情及其对探索科学的坚定信念和毅力，由此可见。

《法律进化论》[1]无疑是穗积陈重最重要的一部法学作品。按他原初的写作设想，"法律进化论"总目之下大别为"法源论"和"法势论"二部，拟分六卷十二册出版。法源论论究法现象之发生状态，又更细别之为"原形论"、"原质论"和"原力论"三部。原形论阐述法律发生之形态，原质论研究构成法律元质之规范，原力论揭示社会力量如何成为法律。法势论旨在论究法现象变迁之原理，亦细别之为"发达论"、"继受论"和"统一论"三部。发达论以法自发内在之原因（法赖以存在之人种、民性、地势、政体、宗教、道德、舆论等）论述法律之进化；继受论就外因之进化（以与外民接触为起因之外部之模仿、采择及外国学说所及于立法、审判等之影响）而论述法之发展；统一论则论述法之世界的进化，即法随文化之上进而表现出的世界化倾向，各国国民必至依其本国之特有法与世界之共有法以受支配。

秉承梅因和萨维尼的历史法学派观点，陈重在上述宏大的法学理论体系当中所要阐释的主题是：以19世纪的社会实证主义为其哲学基础，把作为一种社会现象的法律，置于变动发展的时间概念框架下予以观察，借助人类学、考古学、社会学、心理学、史学、语言学的方法，对世界上各民族、各时代千变万态、复杂无极的法现象材料加以汇类、比较和分剖，揭示法律进化的普遍规律。这一学术旨趣及其所取得的研究成就，清楚地表明了陈重的历史法学派立场，也使该书成为一部比较法律史的名著。

但不幸的是，《法律进化论》在陈重生前仅得出版法源论中原形论之一卷二册；其余篇目"皆尚残阙"。第三册原质论前篇为穗积重远在植木直一郎、山田三良、志田钾太郎等人的协助下，对陈重若干已成或未成之遗稿整理补缀而成。因此，《法律进化论》虽有遗稿之存，"然已不能不断至第三册"。今之所见《法律进化论》实为一部未完成之作。

《法律进化论》三册问世后不久，即相继被移译成中文，作为上海商务印书馆"政法名著"丛书之一出版（该中文版第一册由黄尊三翻译，第二册由萨孟武、陶汇曾翻译，分别于1929年和1930单行出版；第三册由易家钺译出，与前二册合订为一册，于1934年出版）。因出版年代距今已逾半个多世纪，不能适应今天研究阅读与参考使用的实际需要，有必要重加校勘。

本校勘以保持译作原貌与兼顾今天研读使用方便为原则，对原译著作如下几方面的技术性处理。

关于体例结构。原中文译本依照日文原本分排三册。第一册目次为冈野敬次郎"序言"、穗积陈重"自序"、"总论"和"第一部法原论"之"上卷原形论前篇"里的"第一编无形法"；第二册为"上卷原形论后篇"之"第二编成形法"与"第三编法之认识"；第三册为"第一部法源论"之"中卷原质论前篇"，目次分别为穗积重远"原序"、"绪言"、"总论"、"第一编信仰规范编"与"附录"。此分目当系陈重的原写作计划而成。但因原著体系庞大、分目复杂，全书又断至第三册，故合订本的目录层次颇显混乱，且页码各自起迄，不易索阅。现将穗积重远"原序"提前至穗积陈重"自序"之后；删除原书中"原形论前篇""原形论后篇"分目标题；全书在"法源论"之下，分"原形论"和"原质论"二部；改原质论第一编为第四编，全书连续编目，并连贯页码。

关于译名。本书所涉及各国法制史与法文化专有名称、人名与地名巨多，翻译时或音译，或意译，或音译意译结合；另外，不同译者甚至同一译者对有些名词、术语的译法，亦互有差异。对此，作如下处理：（1）原为音译而今已有通行译名者，改为今译（如

"英士替厂士法典"，今译"法学阶梯"）；（2）原未译出，而现已有通用译名者（如"卫城"），改为今译名，并将原名括注于后；（3）不同译者或同一译者对同一名称作不同翻译者，原则上以后一译名为准加以统一；（4）有些今天已有通行译法者，均改从今译名。为便于读者查阅参考，专门列"部分新旧译名对照表"附于书后。

除将竖排版改为横排版，繁体字改为简体字外，对中文原书中所用数字、标点符号、某些段落划分以及版式设计等，均按现行编辑规范酌加更改或调整。凡属原书中排版印刷错误者径改。

为便于读者了解穗积陈重的学术生平及其主要的法学思想，又专请华东政法学院何勤华教授撰写《穗积陈重和他的著作》一文，编于书首。

对于法学旧著（包括译著）的编校整理，大抵有追求"原汁原味"与"合于今用"两种倾向。窃以为，整理保存有价值的法学经典旧著，不是将原作简单地影印复制，不能一味盲目地拘泥作品原貌，而应当在严格遵循作品原意的前提下，努力使作品合于今天的形式，惟此，才有可能使经典作品为更多的人研习和流传，保持作品永久的生命力。当然，对近代法学名著的整理，目前尚无多少经验可资借鉴；本书的校勘，也仅仅是一次尝试性的工作，加之本人学识浅陋，不当之处，诚望识者赐教指正。

[1997 年 12 月 30 日]

【1】［日］穗积陈重：《法律进化论》，中国政法大学出版社 1997 年初版，2003 年修订版。

孟罗·斯密 《欧陆法律发达史》 小引

孟罗·斯密（Edmund Munroe Smith，1854—1926）是美国的法学家和政治学家，早年曾留学欧洲，1891年任哥伦比亚大学罗马法和比较法理学教授，1922年起又任该校欧洲法律史普赖斯讲座教授。斯密是一位兴趣广泛、富于思想和幽默感、治学严谨而且学识渊博的著名学者。在他的同事和好友莫尔（J. B. Moore，1860—1947）———一位权威的国际法教授——为原书撰写的序文当中，可以清楚地看到这一点。

斯密的法学著述不丰，最有名的就是一部论文集《欧洲法律史概观》（*A General View of European Legal History*）和一部专著，即本书《欧陆法律发达史》[1]（*The Development of European Law*）。但遗憾的是，这两本著作都是在他去世后出版的。《欧陆法律发达史》是由美国法学家梅耶（Car L. W. Meyer）按照斯密生前在哥伦比亚大学讲授欧洲法律史一课时修订过的讲稿及其笔记提示编辑而成的，于1928年出版。这本书以欧洲古代历史的社会生活状况为背景，概括了西欧诸国的法律，特别是私法领域的沿革演变，可以说是一部欧洲法律史通论性质的著作。

原书由已故武汉大学法学教授姚梅镇先生翻译，商务印书馆先后于 1943 年、1945 年和 1947 年三次刊印出版。此次重新出版，酌情作了人名、地名的翻译及有关的技术性改动，并订正了原书排印上的若干错误。

这里顺便指出的是，长期以来，中文出版的外国法律史，包括外国法律思想史一类的作品非常之少。《民国时期总书目》法律卷中所列不过 26 种，其中罗马法 12 种，而由原版译成中文者仅有 6 种：梅因的《古代法》（方孝岳、钟建闳译，上海商务印书馆 1930、1936 年版）、庞德的《法学史》（雷宾南译，上海商务印书馆 1931、1933 年版）、莫里斯的《法律发达史》（王文学译，长沙商务印书馆 1939 年版）、小野清一郎编的《法律思想史概说》（刘正杰译，上海中华学艺社 1931、1933 年版，另有何建民译本，上海民智书局 1932 年版）、爱德华滋的《罕穆剌俾法典》（沈大銈译，长沙商务印书馆 1938 年版）以及本书，而它对于研究和了解欧洲整个法律发展的历史是惟一的，也是颇具参考价值的中文翻译著作。此外，法律翻译是中国近代以来法学家们的一项重要任务，是反映近代法律学术发展状况的一个方面，这也是将本书辑入"二十世纪中华法学文丛"的一个原因。

[1998 年 11 月]

【1】〔美〕斯密：《欧陆法律发达史》，姚梅镇译，中国政法大学出版社 1999 年版。

《法学文选》 重刊后记

《法学文选》[1]一书由吴经熊和华懋生合编而成。吴经熊，字德生，英文名为 John C. H. Wu，1899 年生于浙江鄞县，早年毕业于东吴大学法学院，美国密歇根大学法学博士（1921），曾任南京国民政府立法院宪法草案起草委员会副委员长、上海临时法院院长、东吴大学法学院院长；被誉为中国新分析法学派代表性人物；1949 年以后任教美国，晚年定居台湾，任中国文化学院哲学教授及该学院哲学所博士班主任；1986 年 2 月 6 日卒于台湾。吴氏著述甚丰，主要有《法学论丛》（*Juristic Essays and Studies*，1928）、《中国制宪史》（合著，1937）、《法律哲学研究》（1933）、《法律之艺术》（*The Art of Law and other Essays Judicial and Literary*，1936）、*Beyond East and West*（1951）、《唐诗四季》（1981），以及东西方文化比较研究方面的大量论著。华懋生时任教于东吴大学法学院，生平不详。

《法学文选》由吴氏担任社长的上海法学编译社编辑，民国二十四年（1935）五月上海会文堂书局印刷所刊印。原书分上下二册（上册第 1—384 页、下册第 385—772 页），辑录各类法学论文计 40 篇，上下册各 20 篇。篇章采选以东吴大学法学院《法学季刊》（后改名《法学杂志》）为主（共 16 篇），其余选自《武汉大学社会科学季刊》（6篇）、《革命理论与革命工作》（4篇）、《中华法学杂志》（2篇）、商务印书馆《东方杂志》（2篇）、《法学丛刊》（2篇）、上海法学编译社《法令周刊》（1篇）、《前途杂志》（1篇）、《时事月报》（1篇）、《中央文化教育季刊》（1篇）、复旦大学《法轨》（1篇）、《社会科学丛刊》（1篇）、《国立中央大学半月刊》（1篇）、《中山大学社会科学论丛法律专号》（1篇）。

原书各篇章的编排次序，既不是按照今日法学学科或部门法划分方法加以分类，也不以作品发表的时间顺序分类编排；总体上似按作者姓氏笔画顺序排列，但又不尽然，故就篇目主题而言，编排颇显无序。吴氏系治学有方之一大学者，辑录各篇文字，当有其考虑（当然，随意编排本身可能也是一种考虑）。但终因主题的分散，以致读者索阅研读，每多有不便。今以最广义之分类法，按主题相对集中原则，兼顾原文编排顺序，对原书篇目重加编排。

在编辑技术方面，除将繁体字改为简体字、竖排版改为横排版外，对于外国人名、地名等今有通译者，在正文中一律改从今通译名。全部译名更改之结果，编成"本书新旧译名对照表"，附于书后，以备读者查考。

关于编辑这部文选的动机，编者在原序当中交代得很清楚：其一，是鉴于法律学校蓬勃发展的趋势、研究法学的人的汹涌和辜负着现成的大量购买力的惨淡的（法学）读书市场，编者深感有必要为"抻长了脖子等着待哺"的众多学子提供法学精品。其二，是编者希望以此树立这样一种精神，即拒绝刻板的理论方法来支配法律的适用，着重于老实的讨论，着重经验，不要因为有了成文法典（"六法"已于1930年代初期告成），就时刻顾念着这些理论学理上的刻板方法，希望多几篇老实讨论的文章，多引起一番供求的磨炼，多有一种更丰富的享受。编者强调，尽管本书并不可以说是囊括了当时国人所有重要的法学文章,但它们至少总可说是作者个人一部分的重要思想,而且有若干篇章,当时已经成为中国法律史里的史料。它们有权利要使国人去诵读,其余的文章,它们也都有这样一种老实的态度。

我想,吴氏强调的这两点,正切中今天学术研究的要害,对今天法律教育市场的情形也完全成立,应该成为"二十世纪中华法学文丛"选录和重刊此书的理由。除此之外,作为近70年前集结而成的一部作品,惠予今人的,还应当包括前辈法学家思考和探索中国法律问题的心灵足迹。

[2002 年 8 月 18 日于京城小月河畔]

【1】吴经熊、华懋生:《法学文选》,中国政法大学出版社 2004 年版。